Jo-Jo

Mathematik 1

Arbeitsheft
Fördern

Herausgegeben von
Dr. Andrea Schulz

Erarbeitet von
Dr. Lorenz Huck
Jana Köppen
Dr. Andrea Schulz

Cornelsen

Inhaltsverzeichnis

Erzählen und zählen

1   2   3   4   5   6

Gegenstände im Bild zählen, Strichlisten führen und mit der Zahl verbinden; auch im
eigenen Klassenzimmer Gegenstände zählen und in vorgegebener Anzahl zusammenlegen

3

Die Zahlen 1 und 2

Die Zahlen 3 und 4

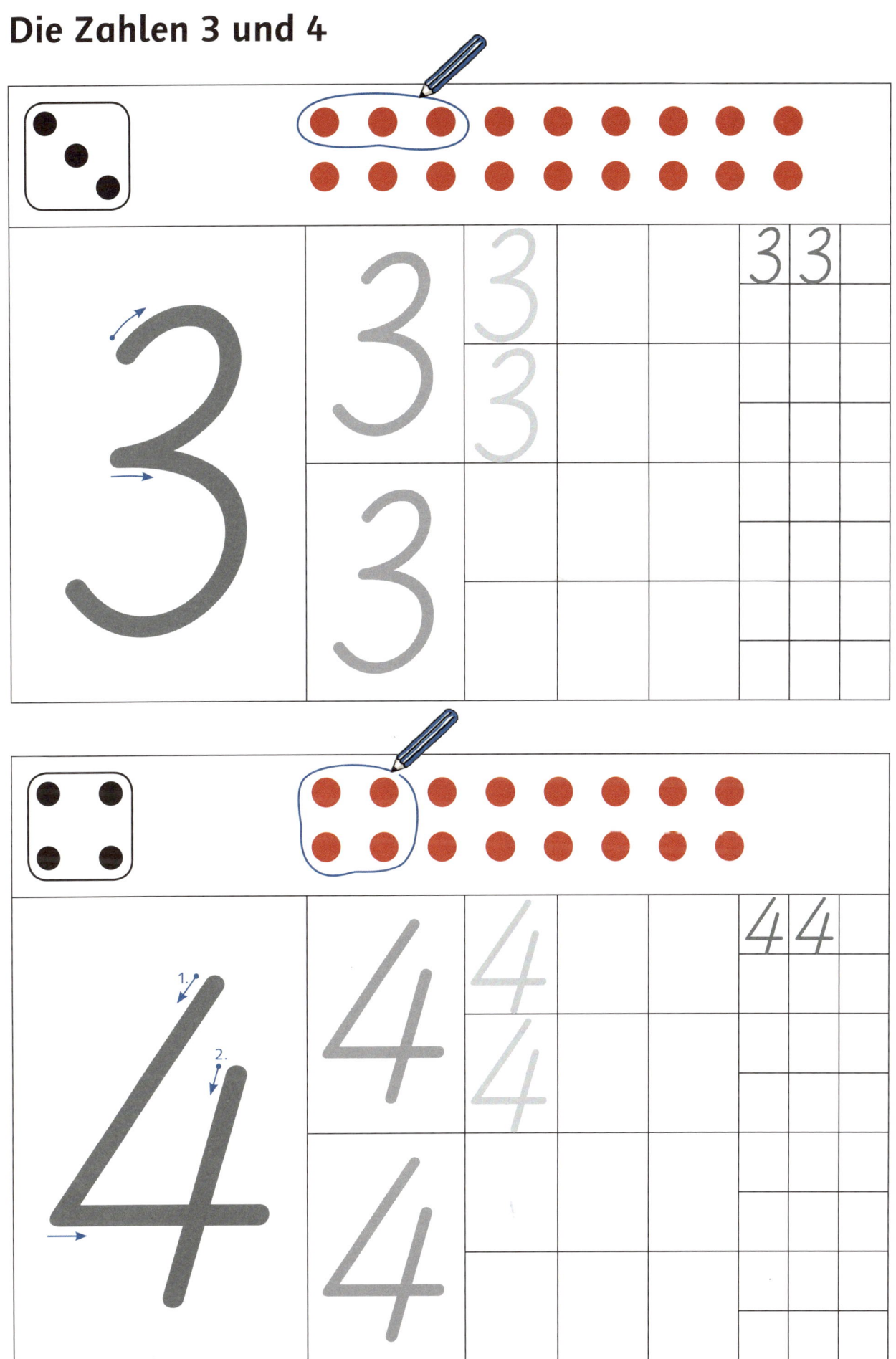

Die Zahlen 5 und 6

5 5 5 5 5 5 5 5

6 6 6 6 6 6 6 6

Die Zahlen 7 und 8

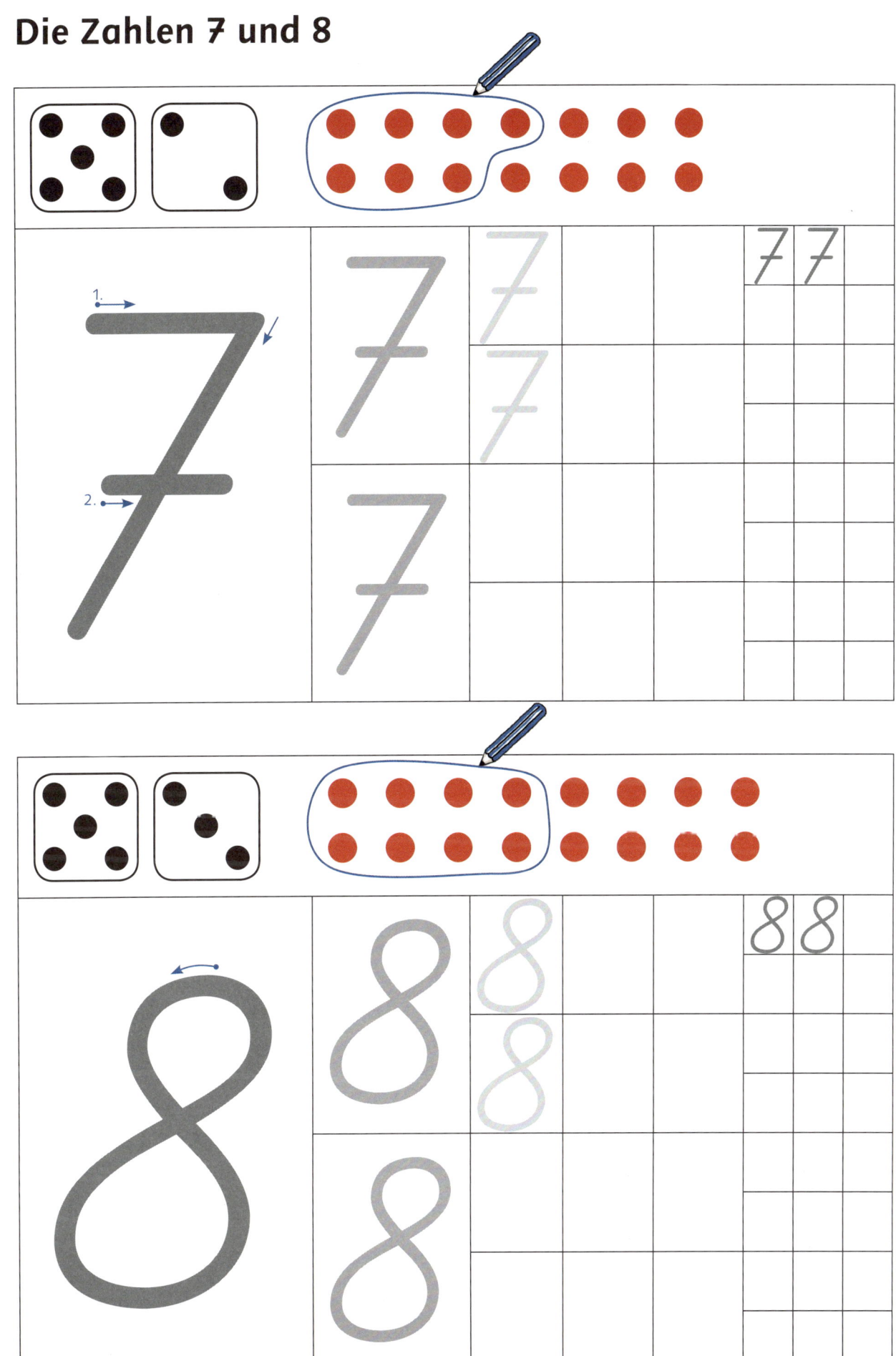

Die Zahlen 9 und 0

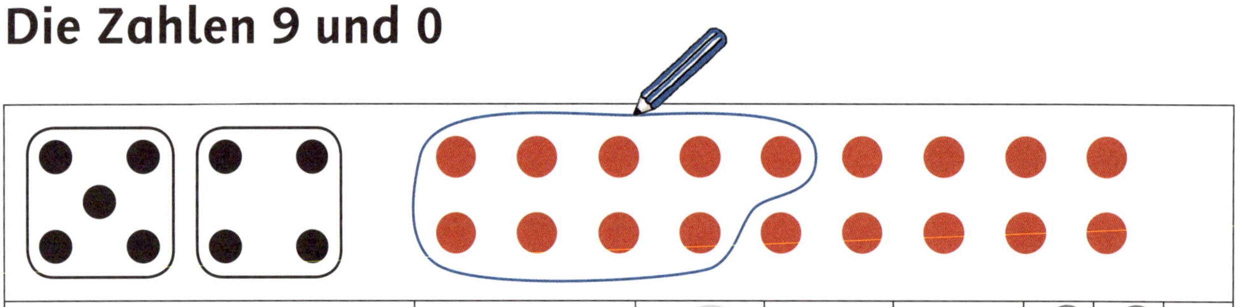

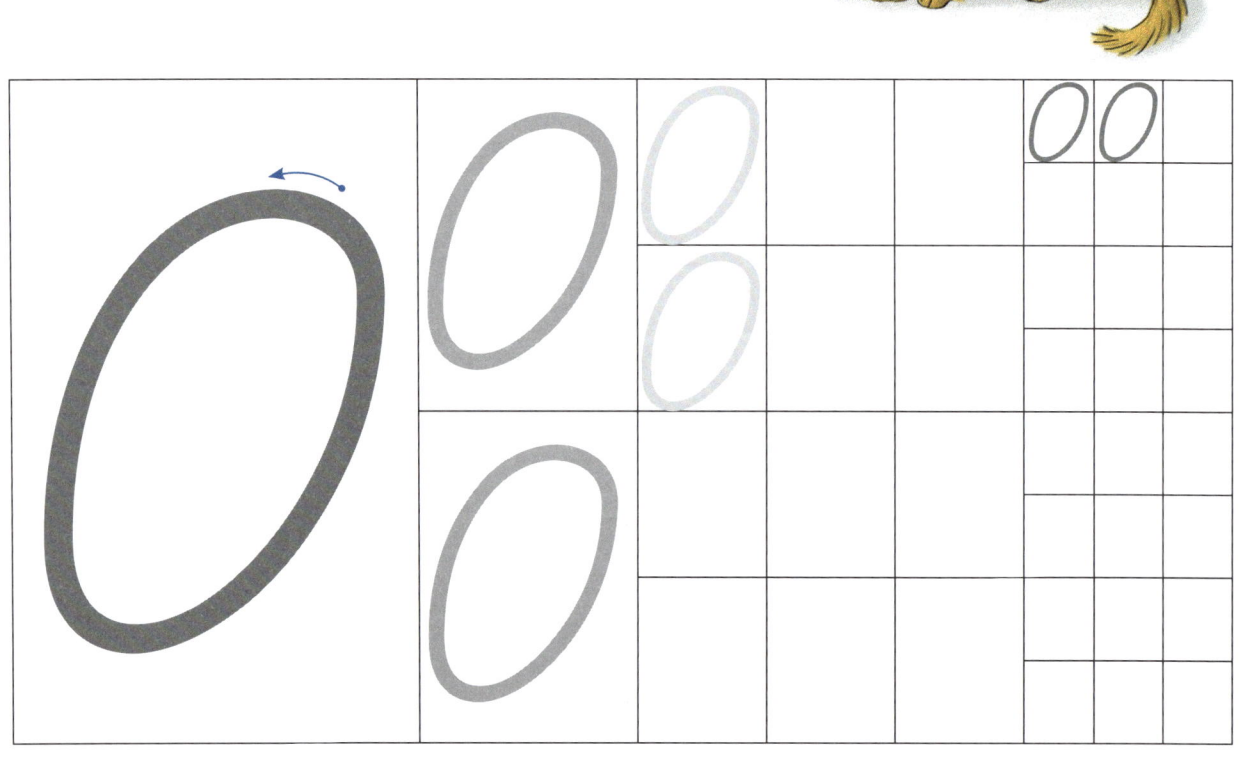

Zählen

①

1	
2	
3	
4	
5	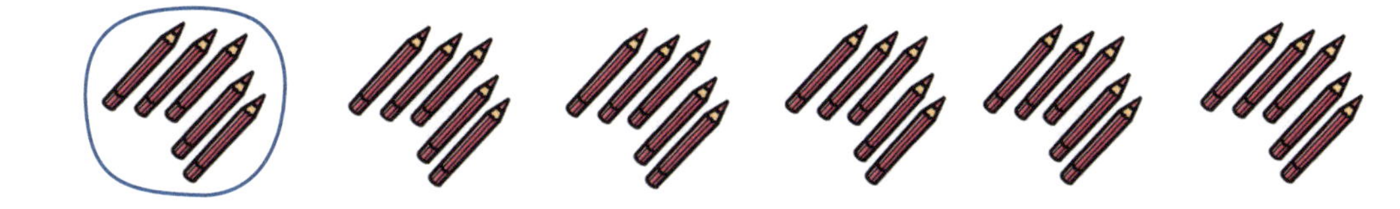

②

③ Würfel mit vielen Würfeln.
Zähle die Punkte und sortiere die Würfel.

Vielfältige Zählübungen an Gegenständen und Bildern durchführen; später mit
verbundenen Augen Gegenstände tasten und zählen, Gegenstände in vorgegebener Anzahl
mit verbundenen Augen aus einer Kiste nehmen; Würfel nach Augenzahl sortieren

9

Zählen und malen

1

2

3

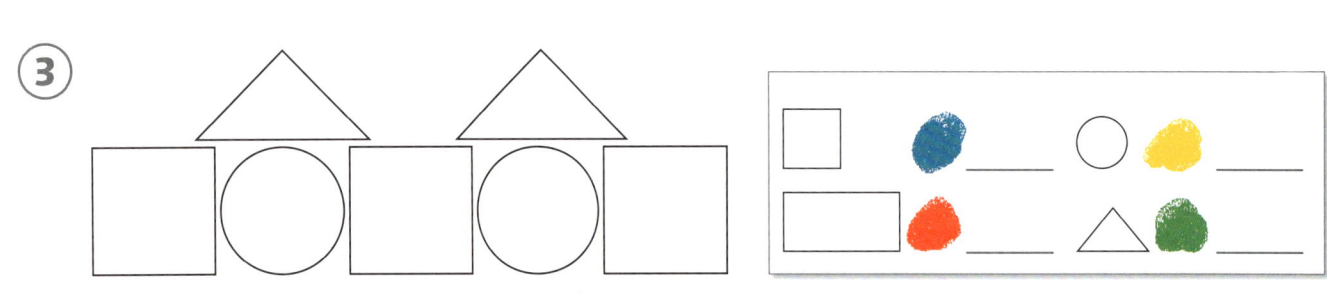

Mit dem Legematerial aus dem Schülerbuch arbeiten: Figuren nachlegen, dann Formen oder Farben zählen; eigene Figuren erfinden und dabei vorgegebene Formen oder Anzahlen beachten

Lagebeziehungen (I)

1 Oben oder unten? Male an.

oben
unten

oben
unten

oben
unten

oben
unten

oben
unten

oben
unten

oben
unten

oben
unten

oben
unten

Lagebeziehungen (II)

1 Links oder rechts? Male an.

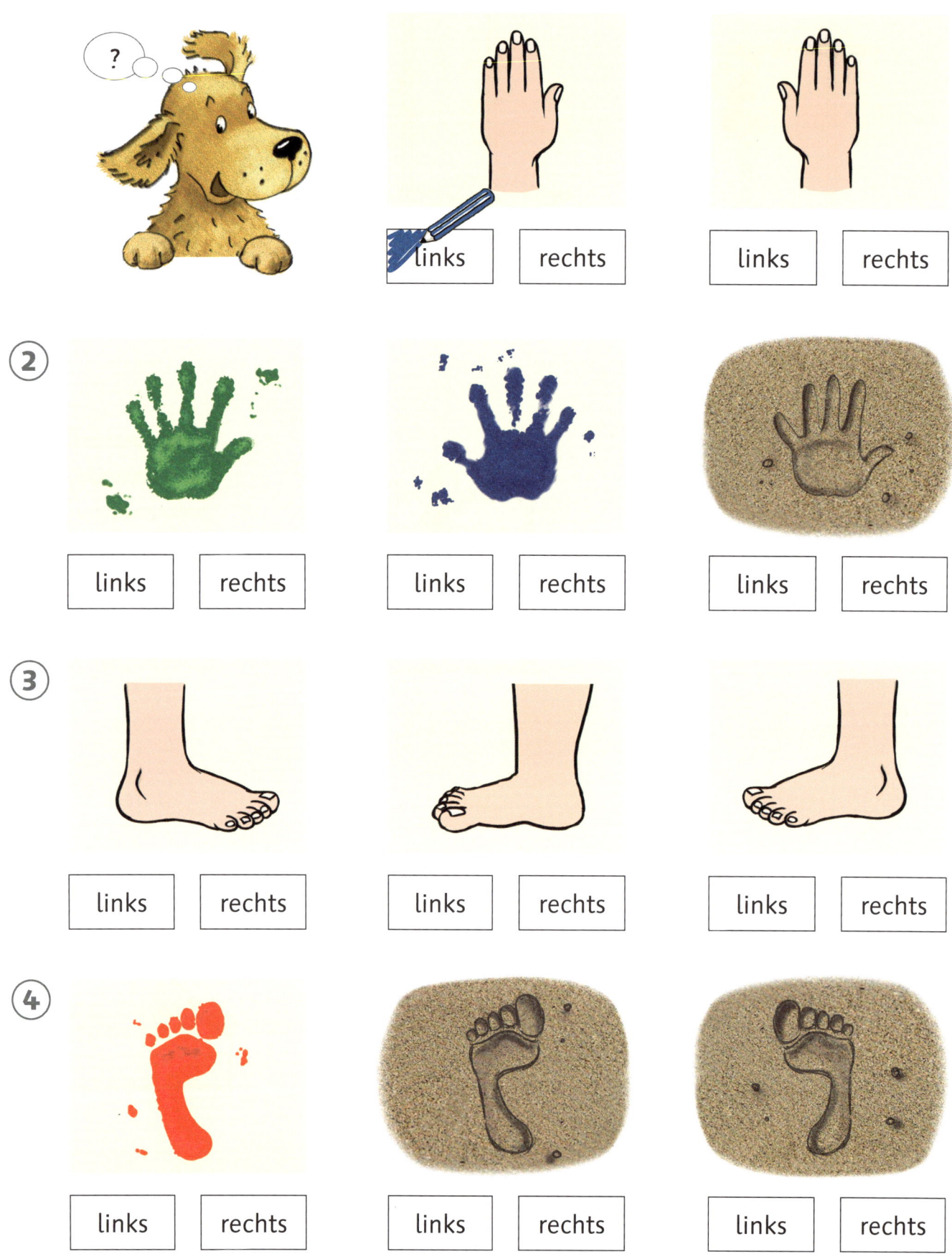

„Rechts" und „links" am eigenen Körper häufig thematisieren, dazu ein Bändchen um das rechte Handgelenk binden; Bewegungsübungen mit offenen und verbundenen Augen durchführen, z.B. „Fass mit der rechten Hand zum linken Knie ..."

Anzahlen darstellen

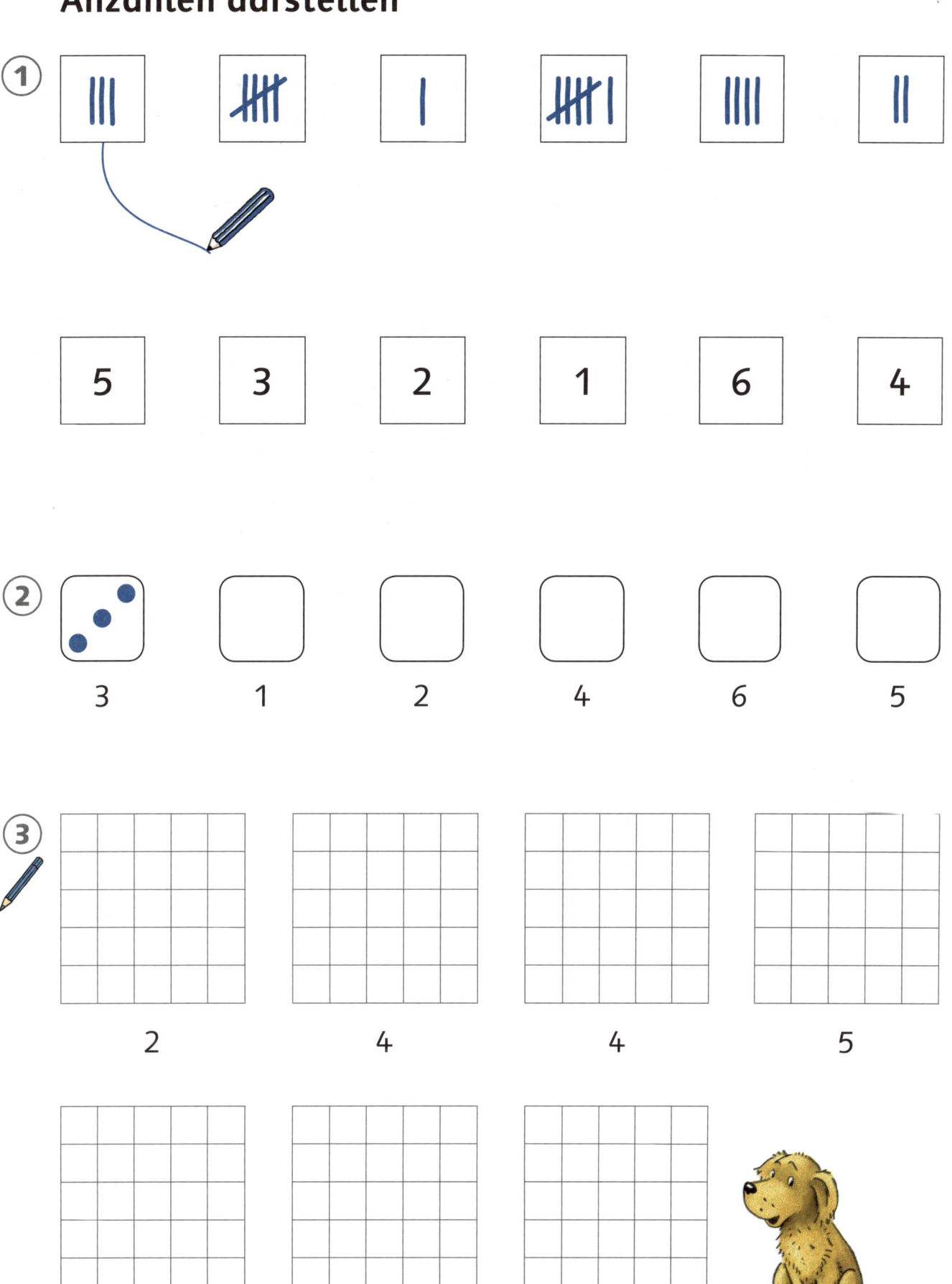

① III | ЖІ | I | ЖІІ | IIII | II

5 | 3 | 2 | 1 | 6 | 4

② 3 | 1 | 2 | 4 | 6 | 5

③ 2 | 4 | 4 | 5

3 | 3 | 6

2 Mit Plättchen Würfelbilder legen, dann malen **3** Zunächst mit Plättchen legen lassen, dann malen;
Spiel (Partnerübung): Ein Kind nennt eine Zahl, das andere legt Plättchen und schreibt die Zahl auf

13

Die Zahlen 1 bis 10

1

☕	||| ✏️	3
🥛		
🧁		4
🍼		

🍞		6
🥖		
🕐	|	

2

3

6

1 Weitere Gegenstände auf dem Bild oder im Klassenraum zählen 2 Auf Dominosteinen die Anzahl der Punkte erkennen/zählen; effektives Zählen thematisieren: „Welche Anzahl kannst du schon sehen? Zähle dann weiter."; Dominosteine aus Pappe basteln

Fünf und mehr

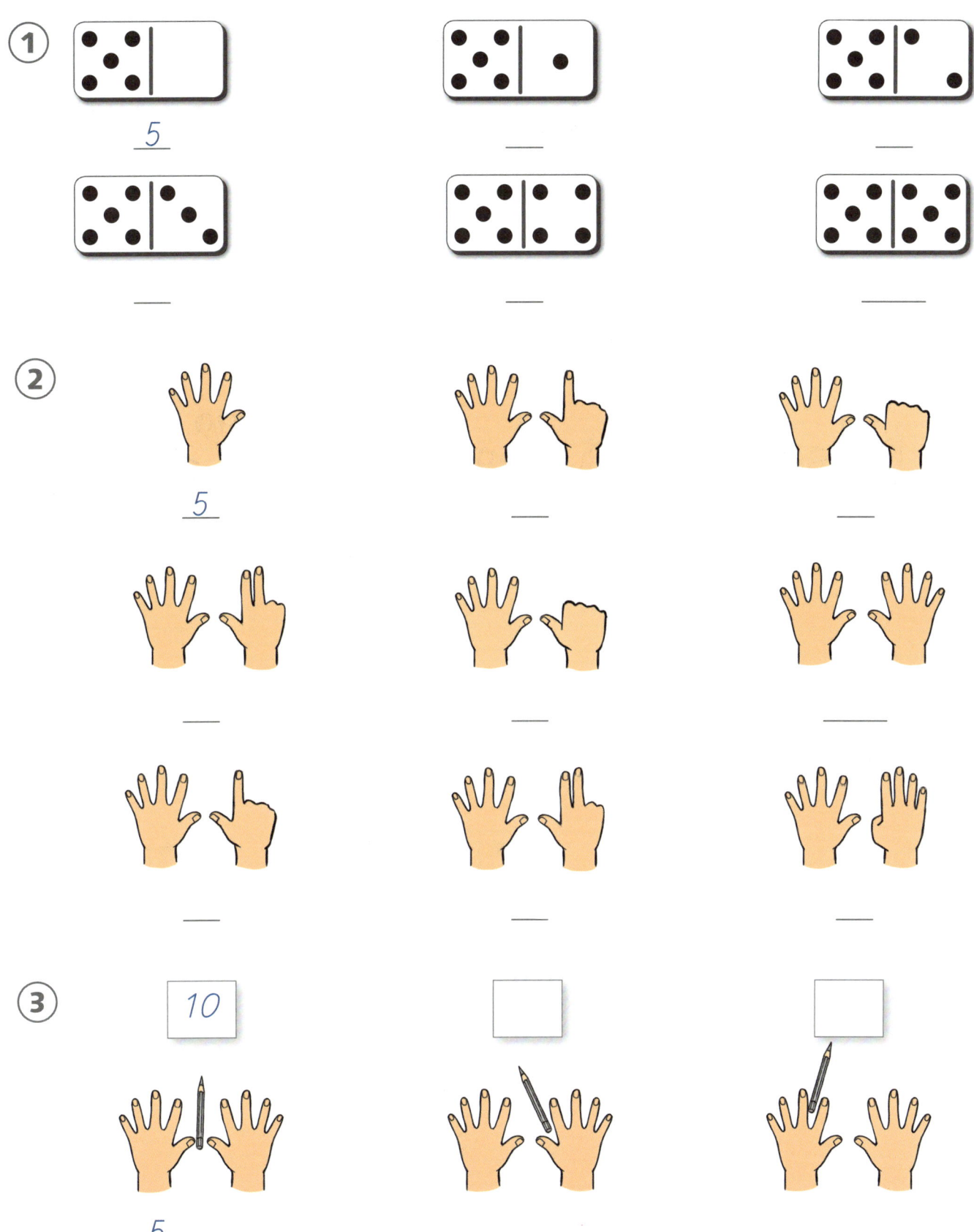

1

5   ___   ___

___   ___   ___

2

5   ___   ___

___   ___   ___

___   ___   ___

3

10

5   ___   ___   ___

4 Suche einen Partner. Spielt die Aufgaben 2 und 3 nach.

2 Fingernamen kennenlernen und Bewegungsübungen durchführen: „Wackle mit dem rechten Zeigefinger. Wackle mit dem linken kleinen Finger und dem rechten Daumen.";
dann Anzahlen zeigen 3 Als Partnerübung mit offenen und verbundenen Augen durchführen

15

Zahlzerlegungen

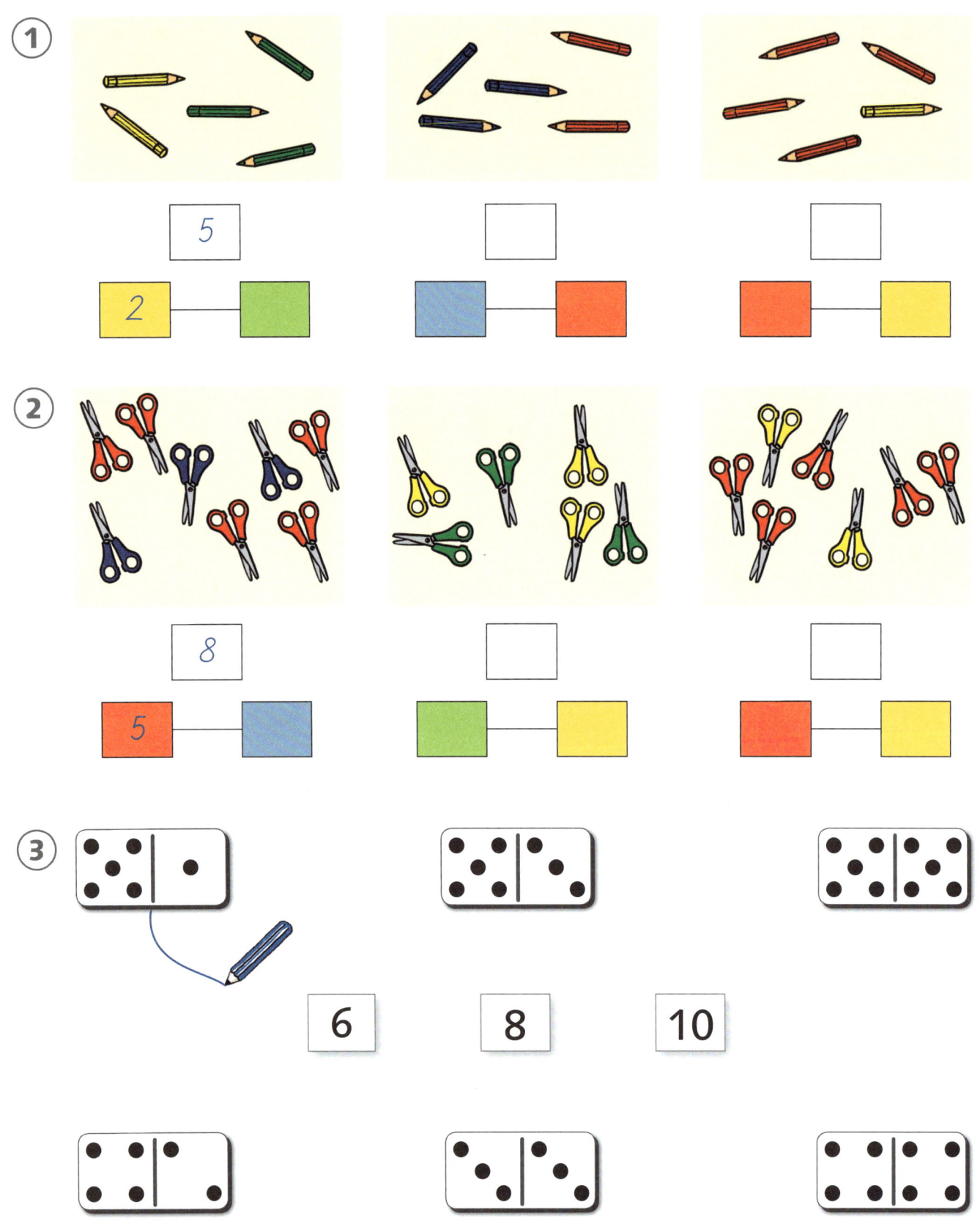

①

5

2

②

8

5

③

6   8   10

④ Nimm ein Dominospiel. Zähle die Punkte und sortiere.
Male selbst Dominosteine.

Zahlzerlegungen auch mithilfe von Gegenständen und farbigen Plättchen durchführen,
dann Zerlegungen malen

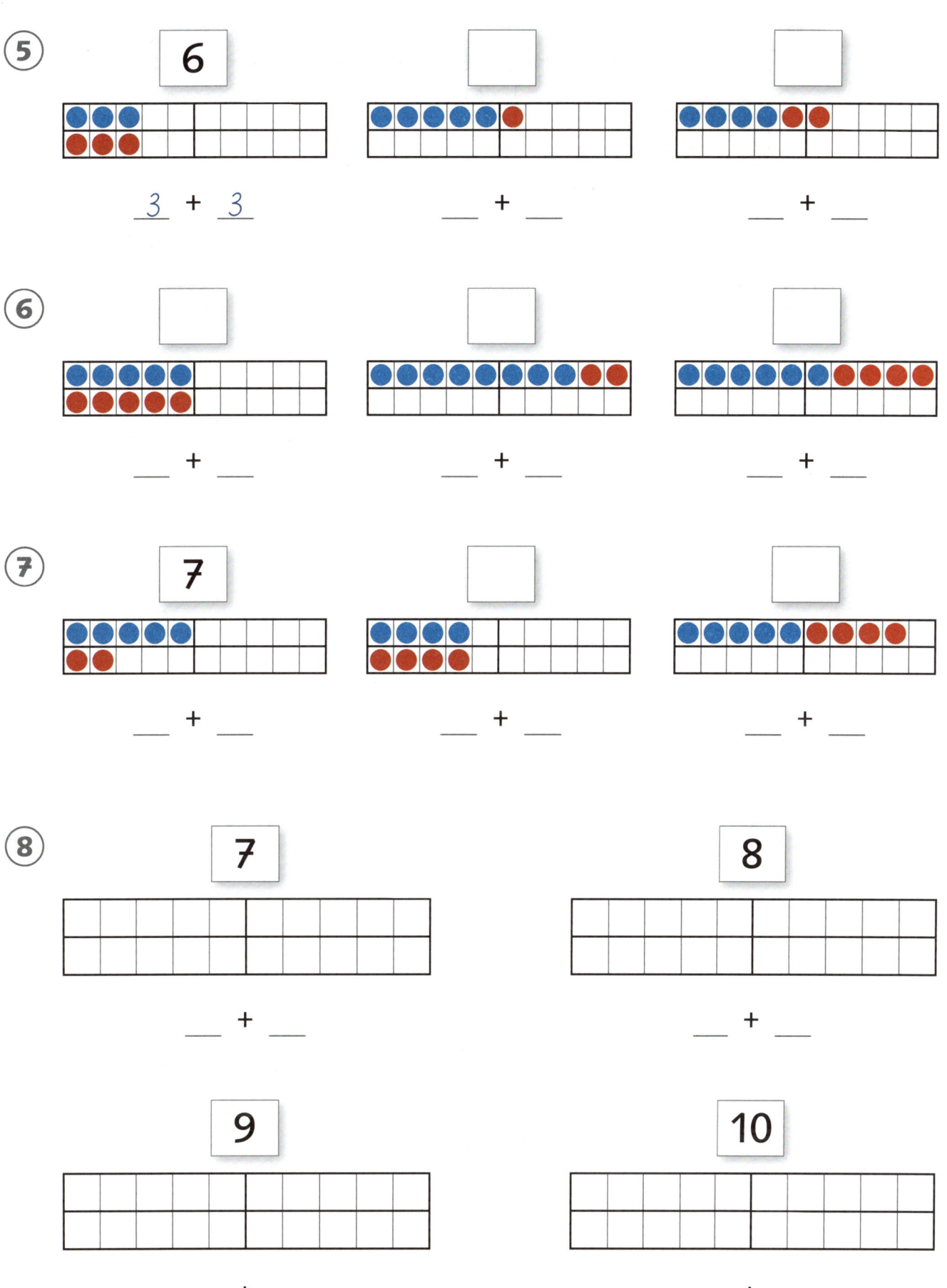

5 | 6 | | □ | | □

3 + 3   ___ + ___   ___ + ___

6 | □ | | □ | | □

___ + ___   ___ + ___   ___ + ___

7 | 7 | | □ | | □

___ + ___   ___ + ___   ___ + ___

8 | 7 | | 8

___ + ___   ___ + ___

9 | | 10

___ + ___   ___ + ___

Erfahrungen zu Zahlzerlegungen durch Legen mit Plättchen im Zwanzigerfeld sammeln
(Material aus dem Schülerbuch verwenden); **Spiel** (Partnerübung): Ein Kind nennt eine Zahl,
das andere legt diese mit Plättchen und schreibt die Zerlegung auf

Zahlenreihe, Vorgänger und Nachfolger

1 7 ist der Vorgänger von 8.

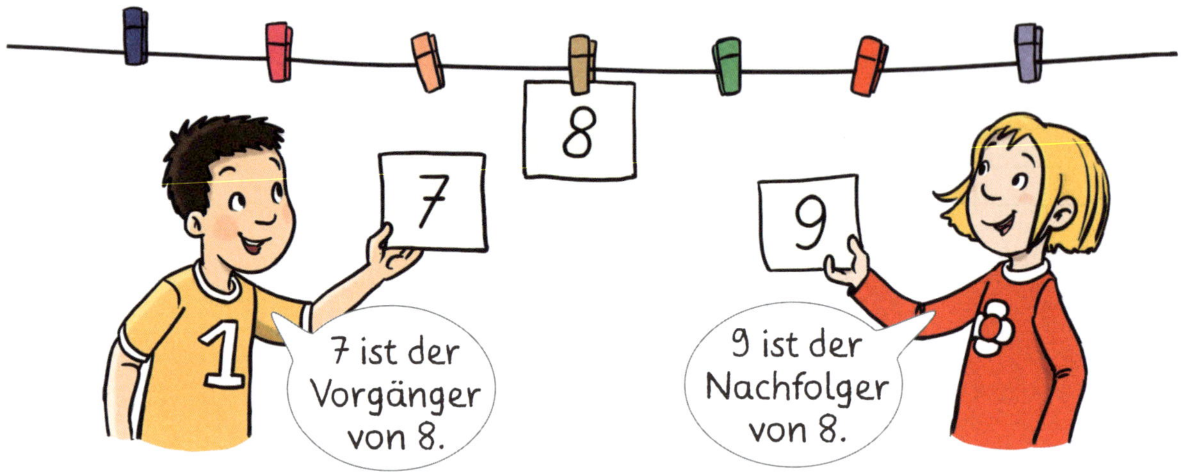

8
7
9

9 ist der Nachfolger von 8.

2 1 | | | | | | | | | 10

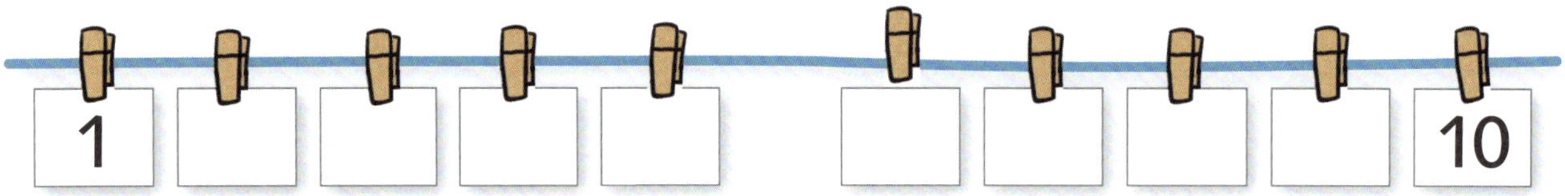

3 3 | 4 | | 6 | | 8

4 10 | 9 | | | | | | | | 1

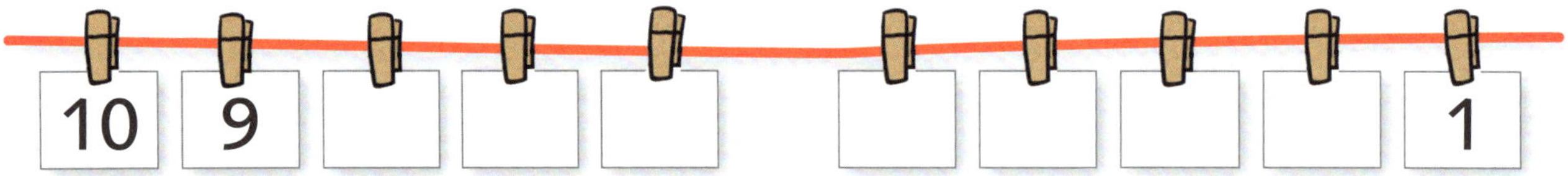

5

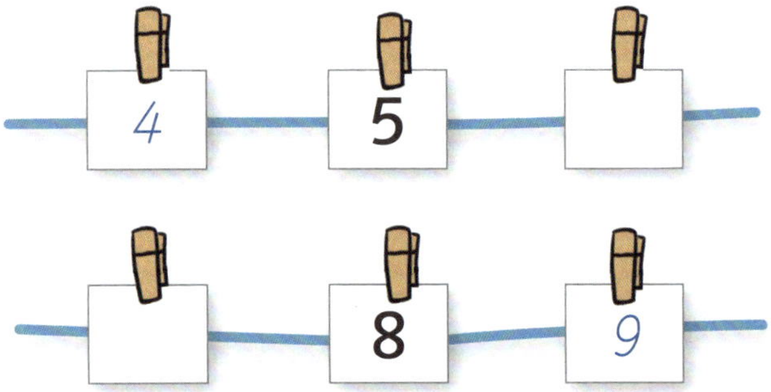

4 | 5 | | | 8 | 9

Vorgänger	Zahl	Nachfolger
4	5	
	8	

Für alle Übungen die Zahlenkarten verwenden und immer wieder neu sortieren lassen, bevor die Aufgaben im Heft gelöst werden 1 Einen Pfeil aus Pappe basteln und über die Zahlenleine legen, um die Zählrichtung zu markieren

Zahlen vergleichen und ordnen

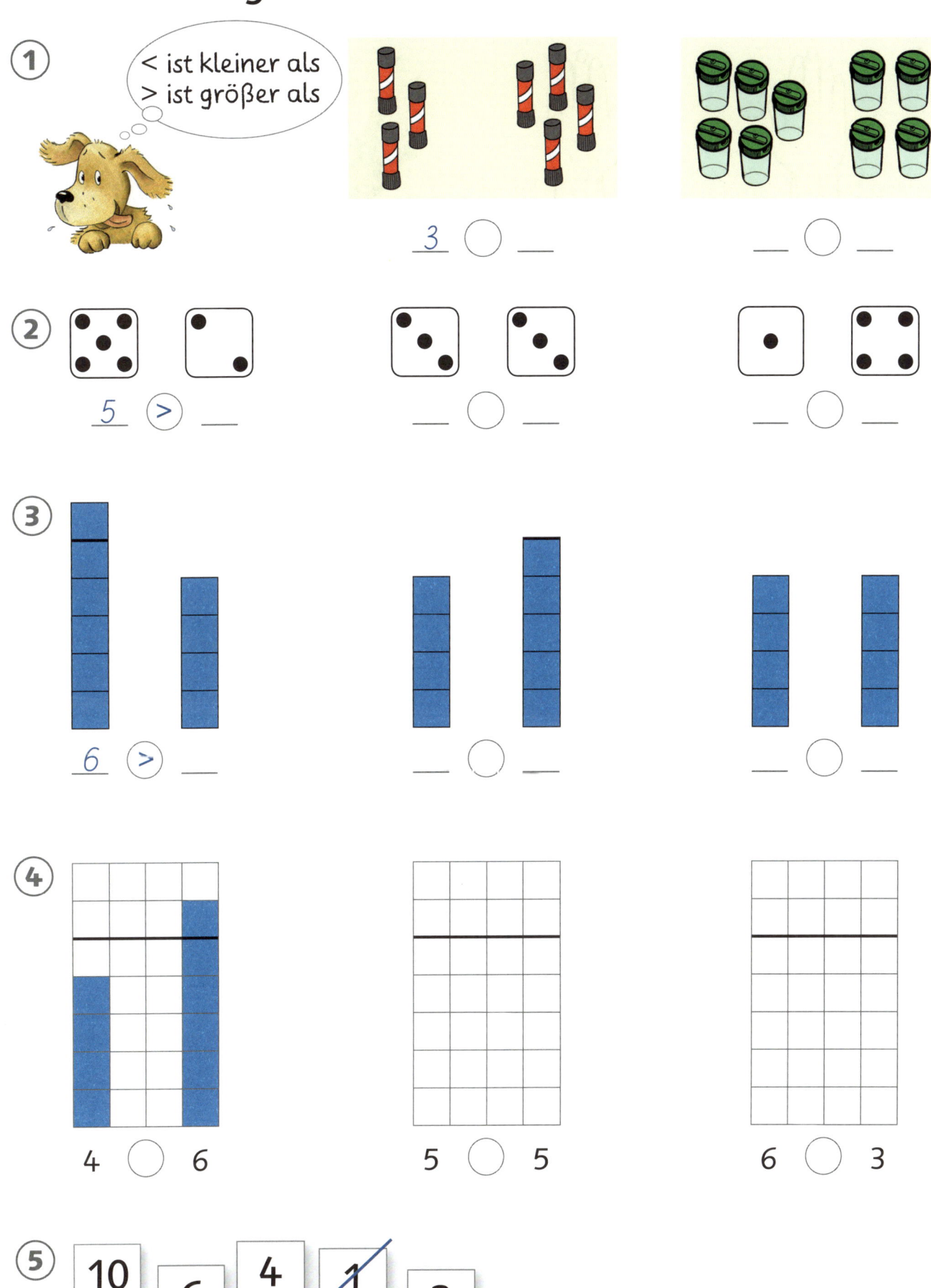

1 < ist kleiner als
> ist größer als

3 ◯ ___   ___ ◯ ___

2 5 > ___   ___ ◯ ___   ___ ◯ ___

3 6 > ___   ___ ◯ ___   ___ ◯ ___

4 4 ◯ 6   5 ◯ 5   6 ◯ 3

5 10 6 4 1 3   1 < ___ < ___ < ___ < ___

1 Zunächst mit Gegenständen, Steckwürfeln oder Plättchen in entsprechender Anzahl
arbeiten **5** Zahlenkarten nutzen und sortieren lassen;
Spiel (Partnerübung): Ein Kind zieht 3 Zahlenkarten, das andere ordnet diese

19

Wiederholung

1

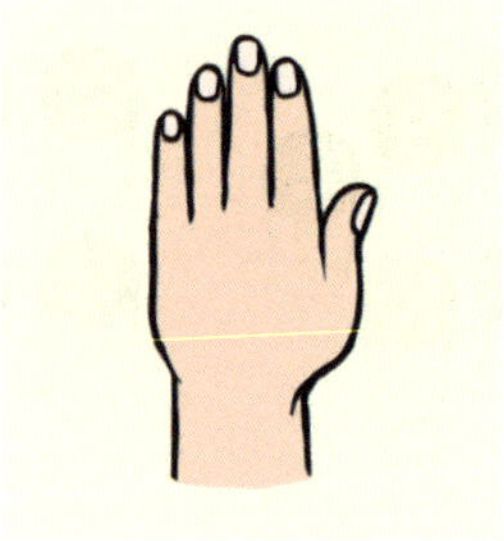

| links | rechts | 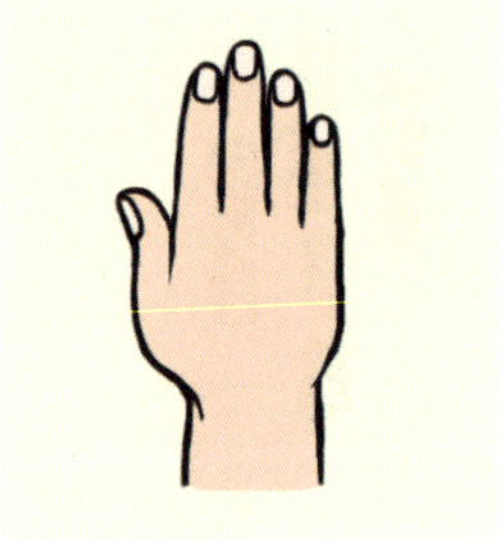 | links | rechts | 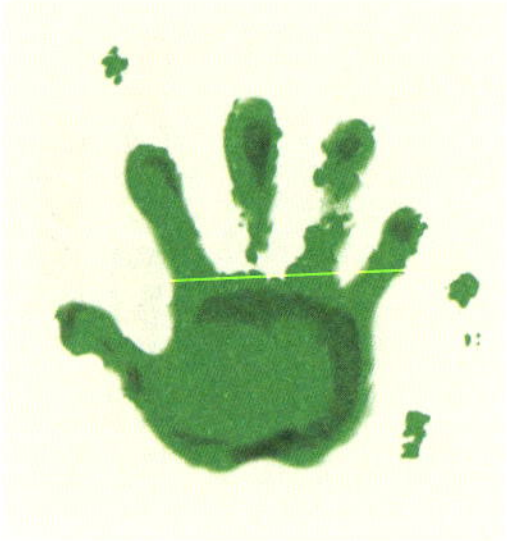 | links | rechts | 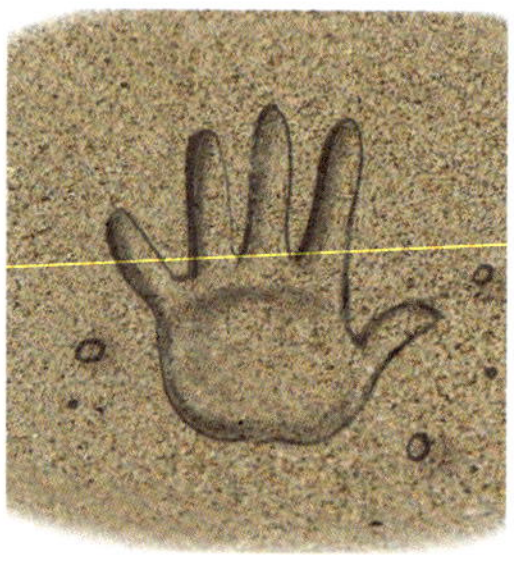 | links | rechts |

2

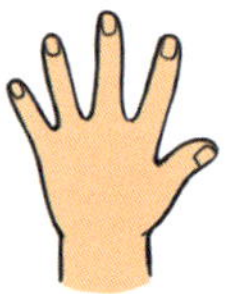

___   ___   ___   ___

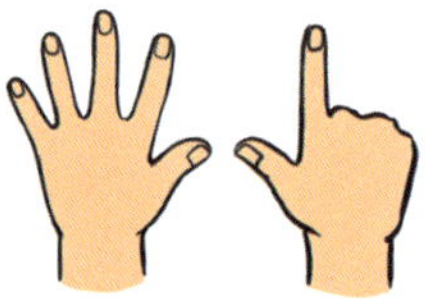

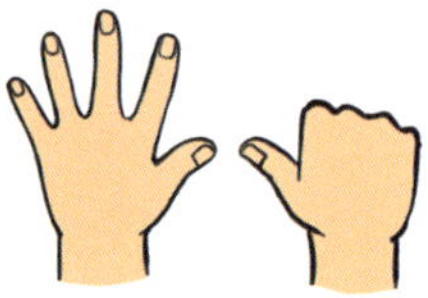

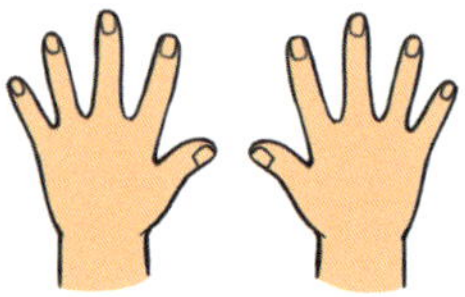

3

| 6 | 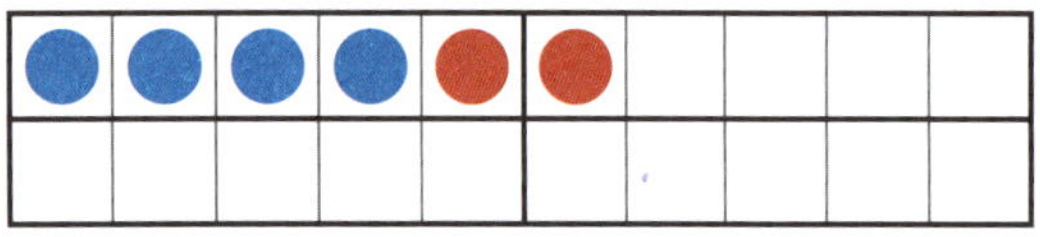 | 9 |

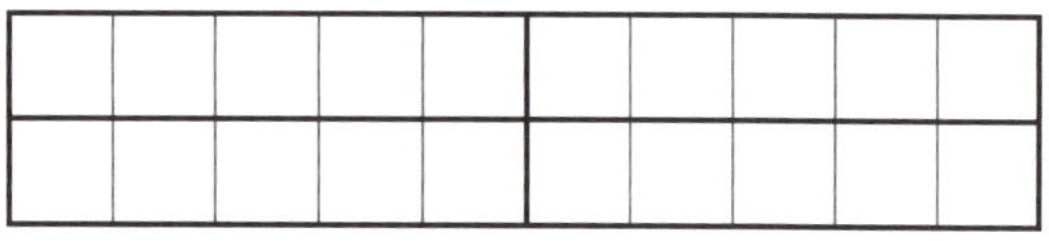

___ + ___   ___ + ___

4

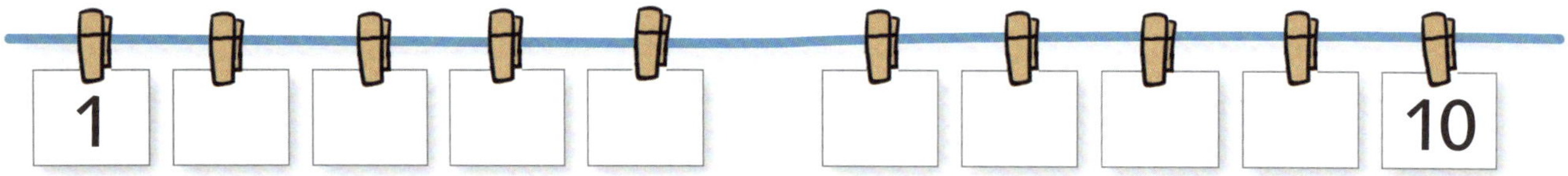

| 1 | | | | | | | | | 10 |

5

___ ◯ ___   ___ ◯ ___   ___ ◯ ___

<, =, >

6

| 5 | | 10 | 2̸ |
| | 7 | | 4 |

2 < __ < __ < __ < ____

Diese Seite als Diagnoseinstrument einsetzen und selbstständig bearbeiten lassen, danach Lösungen erklären lassen.

Zählen bis 20

1

2 Lege mit Zahlenkarten. Trage ein.

1				5

			9	10

11	12			

16			20

1 Analogien zum Zehnerraum erkennen, Strukturen beachten **2** Wie sind die Zahlen angeordnet? Zahlenpaare mit Zahlenkarten legen; **Spiel** (Partnerübung): Ein Kind zieht eine Zahlenkarte (z. B. 6 bzw. 13), das andere nennt die andere Zahl (16 bzw. 3)

21

Verdoppeln und halbieren

**① **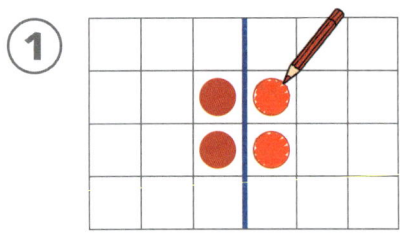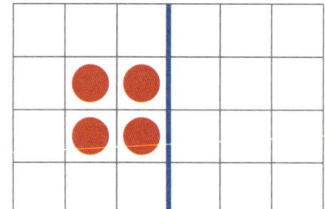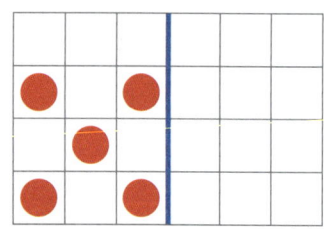

_2_ _2_ ____ ____ ____ ____

_4_ ____ ____

**② **

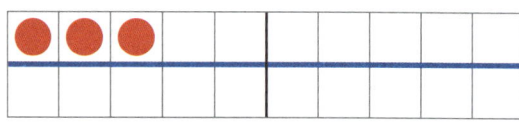

_2_ ____ ____ ____

____ ____

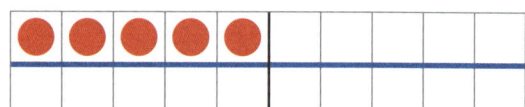

____ ____ ____ ____

____ ____

**③ **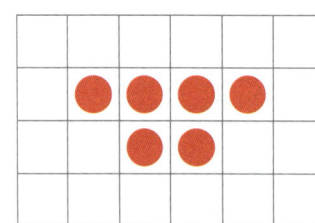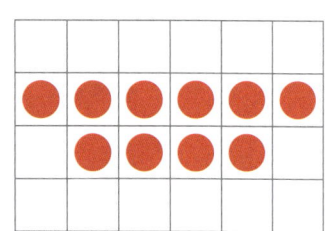

____ _6_ ____

_3_ _3_ ____ ____

**④ ** Lege mit deinen Plättchen selbst Aufgaben zum Verdoppeln und Halbieren.

Einführung der Addition

(1)

$\underline{2}$ + $\underline{3}$ = ___

(2)

___ + ___ = ___

(3)

___ + ___ = ___

(4)

___ + ___ = ___

(5) Erfinde eigene Rechengeschichten.

Rechengeschichten zu den Bildern erzählen und mit Plättchen nachlegen

Übungen zur Addition

1

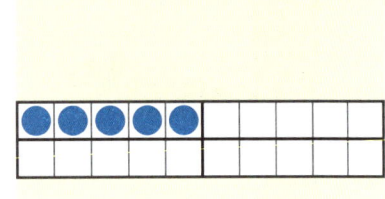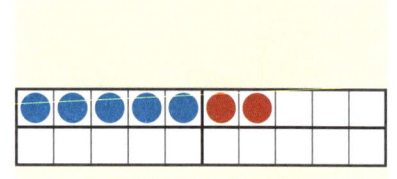

$5 + 2 = \underline{}$

2

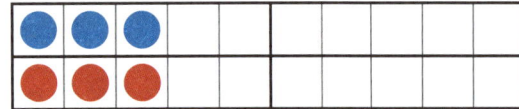

$3 + 3 = \underline{}$

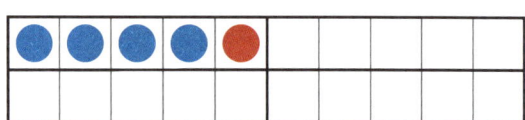

$\underline{} + \underline{} = \underline{}$

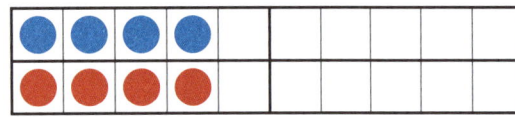

$\underline{} + \underline{} = \underline{}$

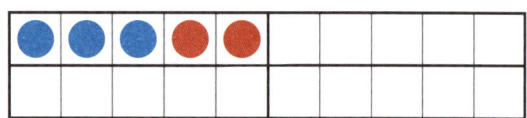

$\underline{} + \underline{} = \underline{}$

3 Male und rechne.

$2 + 2 = \underline{}$

$4 + 3 = \underline{}$

$5 + 5 = \underline{}$

$5 + 3 = \underline{}$

Mit Material im Zwanzigerfeld legen, dazu sprechen; geschicktes Legen thematisieren:
„Wie kann ich die Plättchen anordnen, damit die Anzahl gut und schnell zu sehen ist?"

④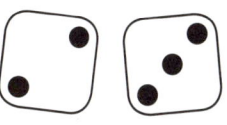

2 + 2 = __   __ + __ = __   __ + __ = __

__ + __ = __   __ + __ = __   __ + __ = __

⑤ Rechne die Aufgabe und die Tauschaufgabe.

4 + 1 = __   __ + __ = __   __ + __ = __

1 + 4 = __   __ + __ = __   __ + __ = __

__ + __ = __   __ + __ = __   __ + __ = __

__ + __ = __   __ + __ = __   __ + __ = __

⑥ Rechne und male.

 4   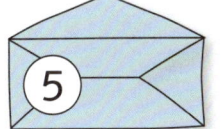 5    6

2 + 4	4 + 2	4 + 1
3 + 1	1 + 3	2 + 2
3 + 2	1 + 4	3 + 3

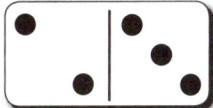

4 und 5 Mit zwei Würfeln würfeln und Aufgaben bilden; **Spiel** (Partnerübung): Jedes Kind
füllt Umschläge mit Aufgabenkarten, die Umschläge werden getauscht und kontrolliert

25

Einführung der Subtraktion

<u>3</u> – <u>2</u> = __

__ – __ = __

__ – __ = __

__ – __ = __

 Erfinde eigene Rechengeschichten.

Rechengeschichten zu den Bildern erzählen und mit Plättchen nachlegen

Übungen zur Subtraktion

①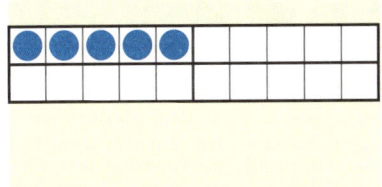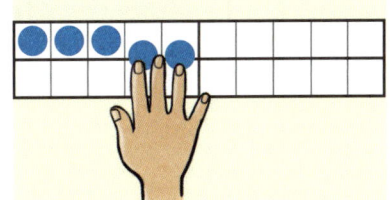

$5 - 2 = \underline{}$

②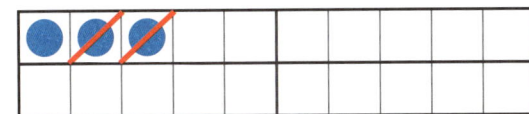

$3 - 2 = \underline{}$ $\qquad$ $\underline{} - \underline{} = \underline{}$

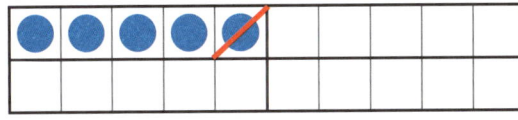 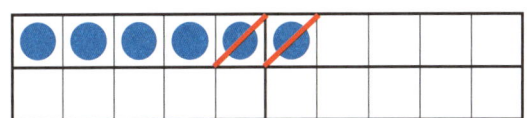

$\underline{} - \underline{} = \underline{}$ $\qquad$ $\underline{} - \underline{} = \underline{}$

③ Male und rechne.

$4 - 1 = \underline{}$ $\qquad$ $5 - 3 = \underline{}$

$6 - 1 = \underline{}$ $\qquad$ $6 - 3 = \underline{}$

Mit Material im Zwanzigerfeld legen, dann Plättchen wegnehmen und dazu sprechen; thematisieren, dass bei Bildern nichts weggenommen werden kann, sondern dass etwas durchgestrichen wird

27

Übungen zur Addition und Subtraktion

 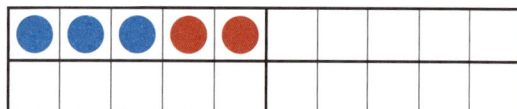　　　　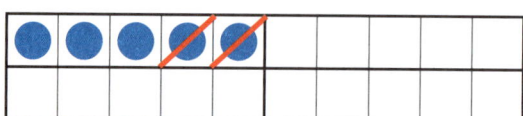

$$\underline{3} + \underline{2} = \underline{}$$　　　　$$\underline{5} - \underline{2} = \underline{}$$

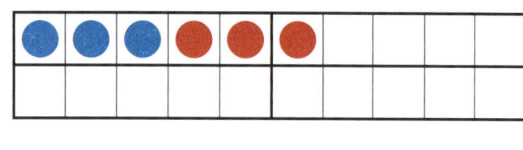　　　　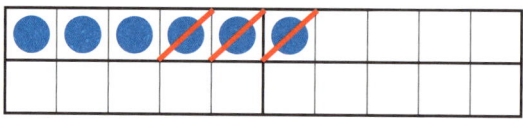

$$\underline{} + \underline{} = \underline{}$$　　　　$$\underline{} - \underline{} = \underline{}$$

 Male und rechne.

　　　　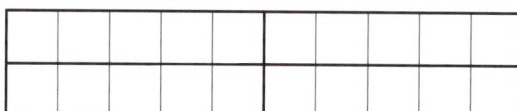

$$2 + 2 = \underline{}$$　　　　$$4 - 2 = \underline{}$$

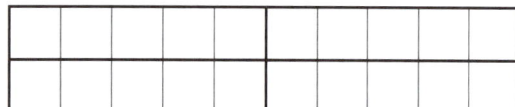　　　　

$$2 + 3 = \underline{}$$　　　　$$5 - 3 = \underline{}$$

 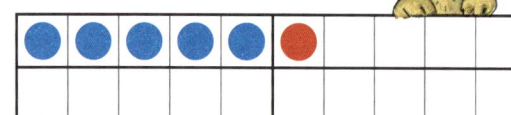　　　　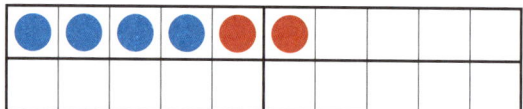

$$5 + 1 = \underline{}$$　　　　$$4 + 2 = \underline{}$$
$$1 + 5 = \underline{}$$　　　　$$2 + 4 = \underline{}$$
$$6 - 1 = \underline{}$$　　　　$$6 - 2 = \underline{}$$
$$6 - 5 = \underline{}$$　　　　$$6 - 4 = \underline{}$$

 Lege oder male eigene Aufgabenfamilien.

Mit Material im Zwanzigerfeld legen und auf geschicktes Legen achten: „Wie kann ich die Anzahl leicht sehen?" 3 Anhand der vorgegebenen Zwanzigerfelder erklären, wie man die Aufgabenlösung gut sehen kann

5       

$4 + 1 = \underline{}$ $5 + \underline{} = \underline{}$ $\underline{} + \underline{} = \underline{}$

$1 + \underline{} = \underline{}$ $\underline{} + \underline{} = \underline{}$ $\underline{} + \underline{} = \underline{}$

$5 - 4 = \underline{}$ $7 - \underline{} = \underline{}$ $\underline{} - \underline{} = \underline{}$

$5 - \underline{} = \underline{}$ $7 - \underline{} = \underline{}$ $\underline{} - \underline{} = \underline{}$

6

$2 + \underline{2} = 4$

$3 + \underline{} = 4$ $2 + \underline{} = 5$ $3 + \underline{} = 6$

7

$3 + 1 = 4$

5   1   2   3

8   1   5   2

Legen und rechnen mit Geld

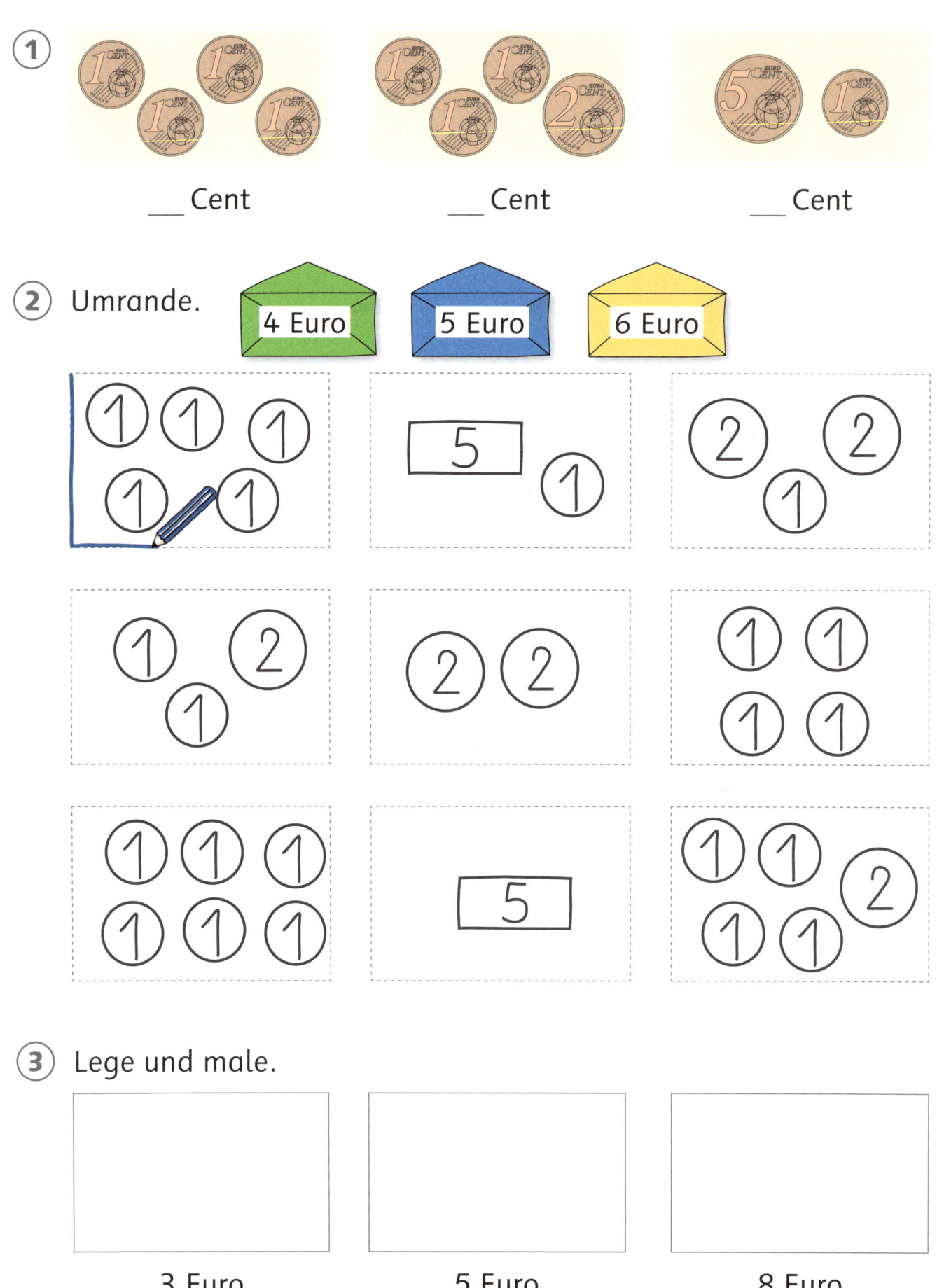

①

___ Cent   ___ Cent   ___ Cent

② Umrande.

4 Euro   5 Euro   6 Euro

③ Lege und male.

3 Euro   5 Euro   8 Euro

Mit Rechengeld legen; Euro und Cent unterscheiden; Anzahl und Wert unterscheiden:
erfahren, dass sich Geldbeträge unterschiedlich legen lassen; ausprobieren, einen
Geldbetrag mit möglichst wenigen Münzen zu legen

Wiederholung

①

  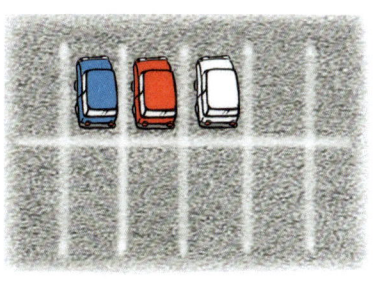

___ – ___ = ___

②

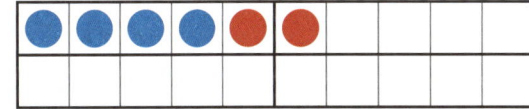

4 + 2 = ___

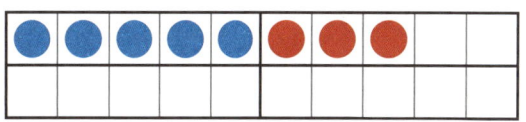

___ + ___ = ___

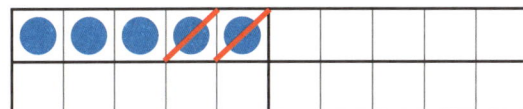

5 – 2 = ___

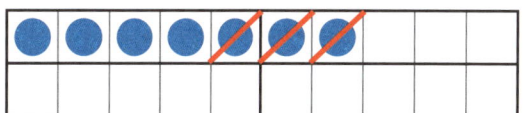

___ – ___ = ___

③

1 + 3 = ___

___ + ___ = ___

4 – ___ = ___

4 – ___ = ___

___ + ___ = ___

___ + ___ = ___

6 – ___ = ___

___ – ___ = ___

___ + ___ = ___

___ + ___ = ___

___ – ___ = ___

___ – ___ = ___

④

___ Cent

___ Cent

___ Cent

Diese Seite als Diagnoseinstrument einsetzen und selbstständig bearbeiten lassen,
danach Lösungen erklären lassen.

31

Würfel, Quader, Zylinder und Kugel

1 Räume auf.

2 Räume auf.

3 Suche zu jeder Form Gegenstände im Klassenraum.

1 und 2 Situationen mit Gegenständen und Körpermodellen nachspielen

Körper erkennen

① Zähle.

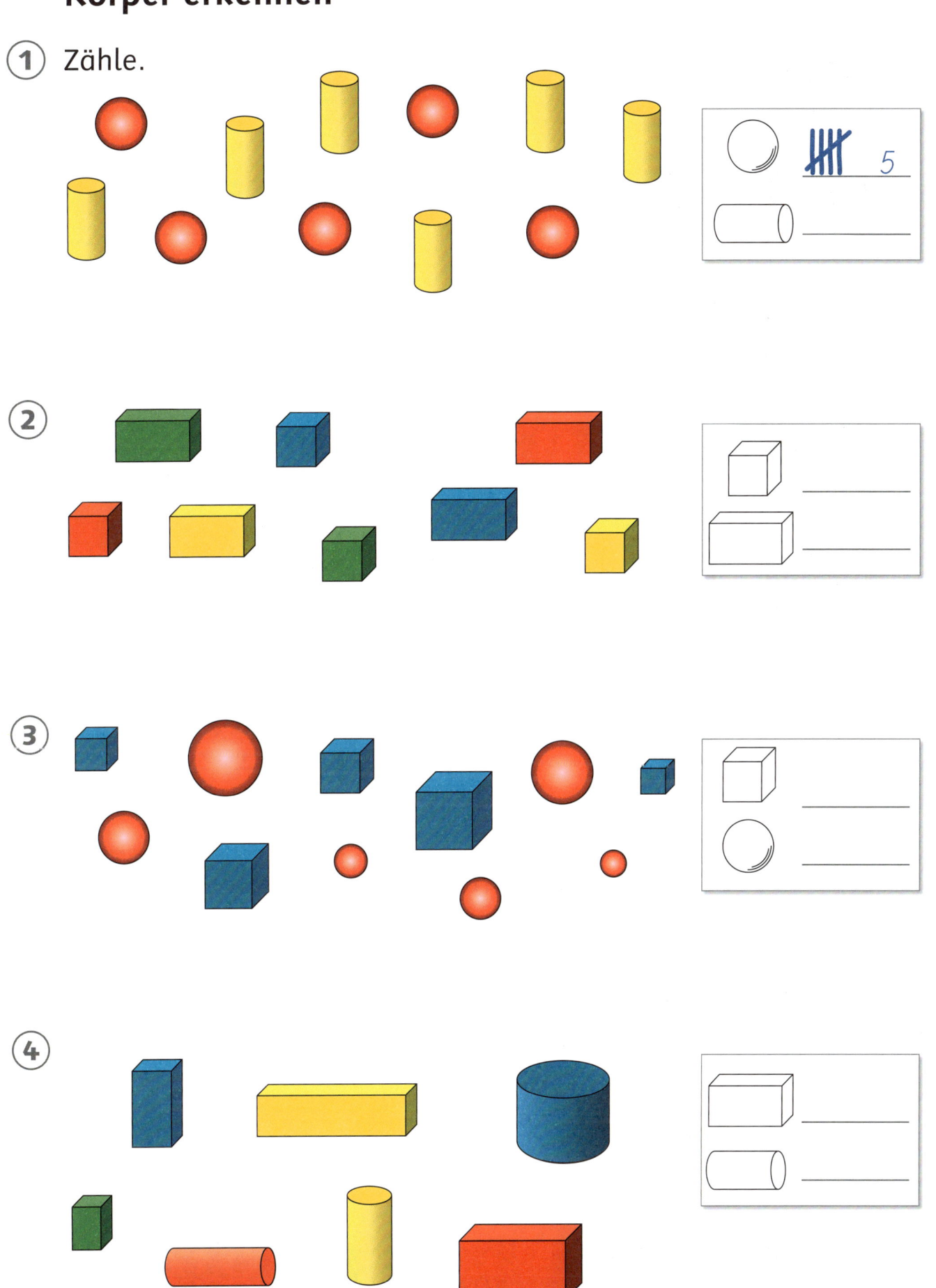

②

③

④

Thematisieren, dass die Körperform das entscheidende Ordnungsmerkmal ist und andere
Merkmale (Farbe, Größe, Lage) hier unwichtig sind

33

Die Zahlen 11 bis 20

   10 + *1*   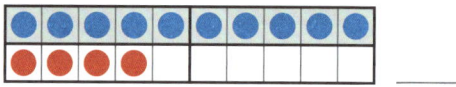 *11*

    10 + *2*   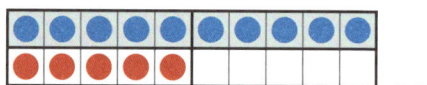 *12*

    10 + *3*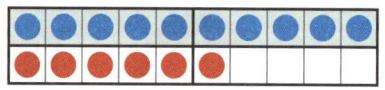

    10 + *4*

    10 + ___

     10 + ___

   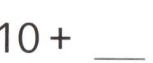   10 + ___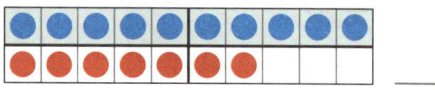

     10 + ___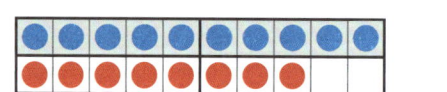

     10 + ___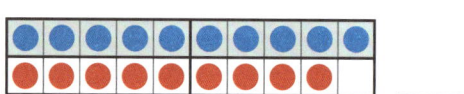

    10 + *10*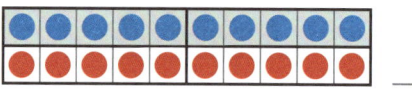

34

Mit Buntstiftschachteln und einzelnen Stiften nachspielen oder andere Zehnerpackungen und Einzelne verwenden; bewusst machen, dass man das Ergebnis einer Aufgabe „10 plus einstellige Zahl" weiß und nicht zählen muss

Zehner und Einer

Warum heißt es vierzehn?

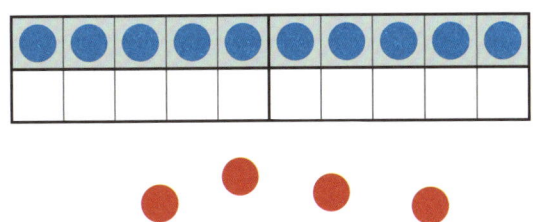

$10 + 4 = 14$

vierzehn

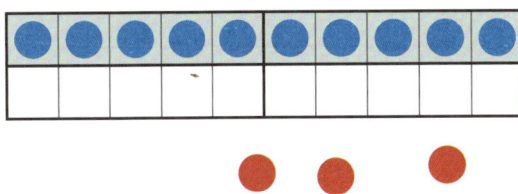

$10 + 3 = \underline{\hphantom{00}}$

dreizehn

$10 + \underline{\hphantom{0}} = \underline{\hphantom{00}}$

fünfzehn

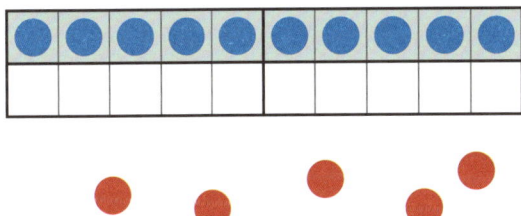

$10 + \underline{\hphantom{0}} = \underline{\hphantom{00}}$

achtzehn

②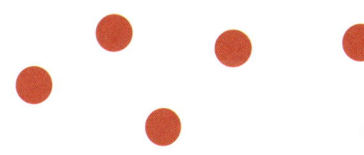

$10 + 1 = \underline{11}$	$10 + 6 = \underline{\hphantom{00}}$	$11 - 1 = \underline{10}$	$14 - 4 = \underline{\hphantom{00}}$
$10 + 2 = \underline{\hphantom{00}}$	$10 + 7 = \underline{\hphantom{00}}$	$12 - 2 = \underline{10}$	$15 - 5 = \underline{\hphantom{00}}$
$10 + 4 = \underline{\hphantom{00}}$	$10 + 9 = \underline{\hphantom{00}}$	$13 - 3 = \underline{\hphantom{00}}$	$18 - 8 = \underline{\hphantom{00}}$

1 Aufgaben mit Plättchen geschickt in Zwanzigerfelder nachlegen, dabei „Kraft der Fünf" erkennen; über Zahlwortbildung reflektieren **2** Aufgaben identifizieren, „die man nicht rechnen muss" (10 + a und Umkehrung); bei Bedarf mit Material arbeiten

35

Zwanzigerfeld und Zwanzigertafel

1 Male.

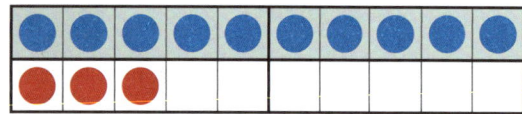

13 = 10 + 3

dreizehn

15 = ____ + __

fünfzehn

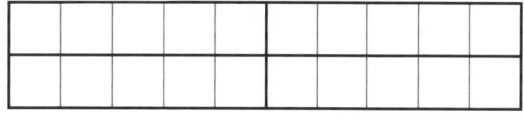

18 = ____ + __

achtzehn

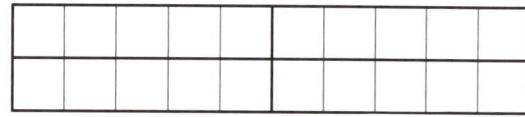

19 = ____ + __

neunzehn

2 Trage ein.

| 2̸ | 12 | 6 | 16 | 8 | 18 | 9 | 19 |

1	2			5					10
11				15					20

3

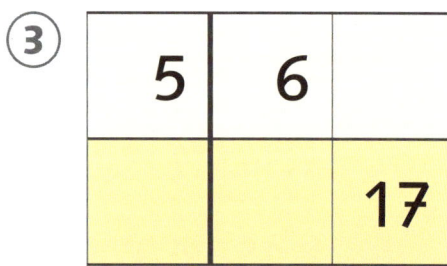

5	6	
		17

		3
	12	

1 Zahlbildungsprinzip reflektieren (10 + a)
2 Zahlen der Reihenfolge nach bearbeiten, damit Strukturen leichter erkennbar werden
3 Bei Bedarf selbst Ausschnitte aus einer Zwanzigertafel mit der Schere herstellen

Vom Zwanzigerfeld zum Zahlenstrahl

①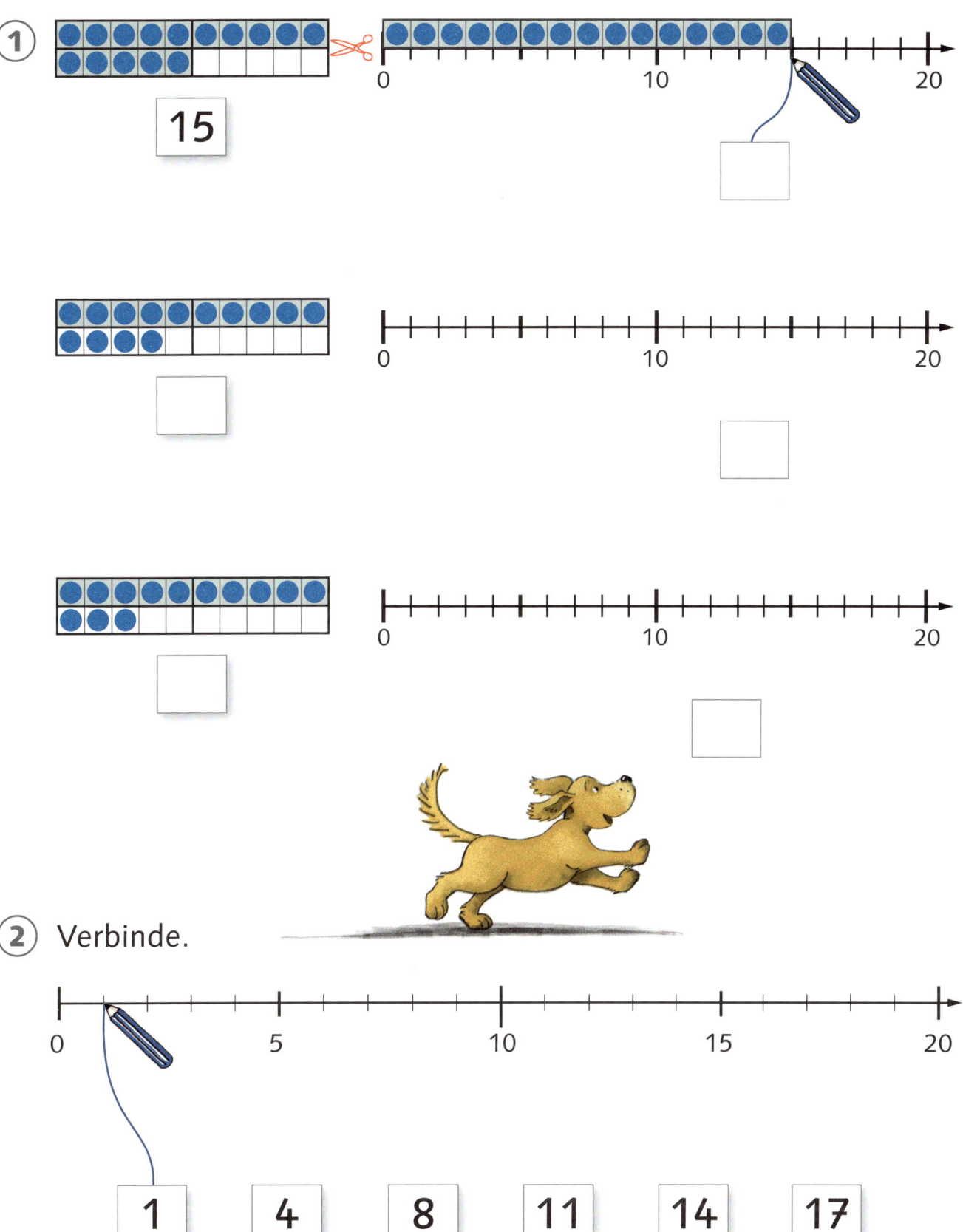

15

② Verbinde.

1   4   8   11   14   17

③ Bastelt euch einen Zahlenstrahl und legt eure Zahlenkarten an.

1 Kopie eines Zwanzigerfeldes zerschneiden und am Zahlenstrahl anlegen
2 Strukturen erkennbar machen; 5, 10, 15 hervorheben

37

Zahlen vergleichen und ordnen

1 Setze <, > oder = ein.

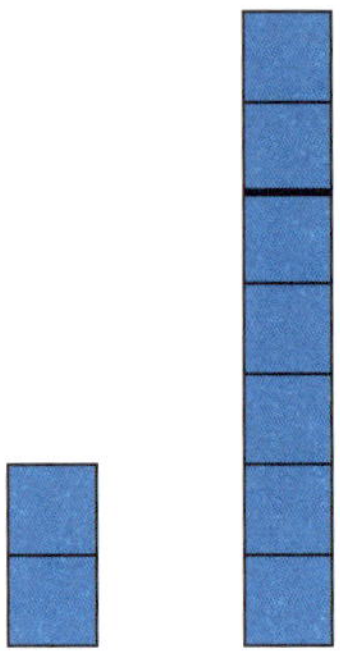

2 < ___   ___ ◯ ___   ___ ◯ ___   ___ ◯ ___

___ ◯ ___   ___ ◯ ___   ___ ◯ ___   ___ ◯ ___

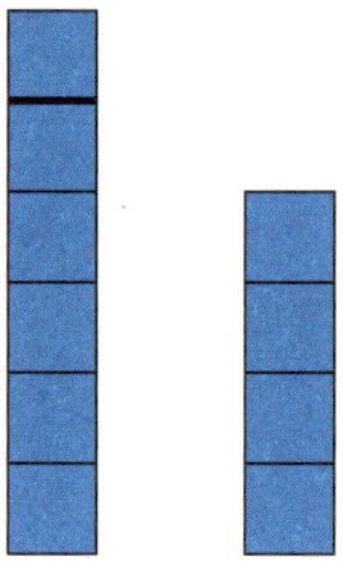

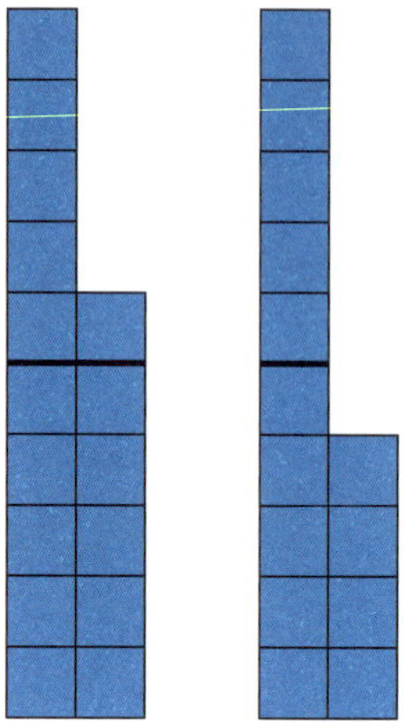

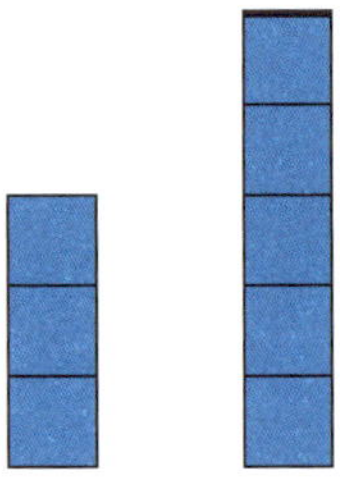

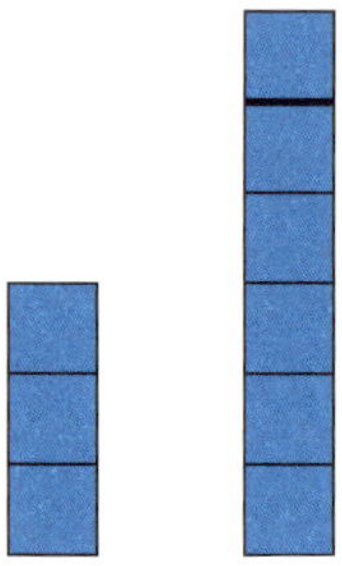

2 Male und vergleiche.

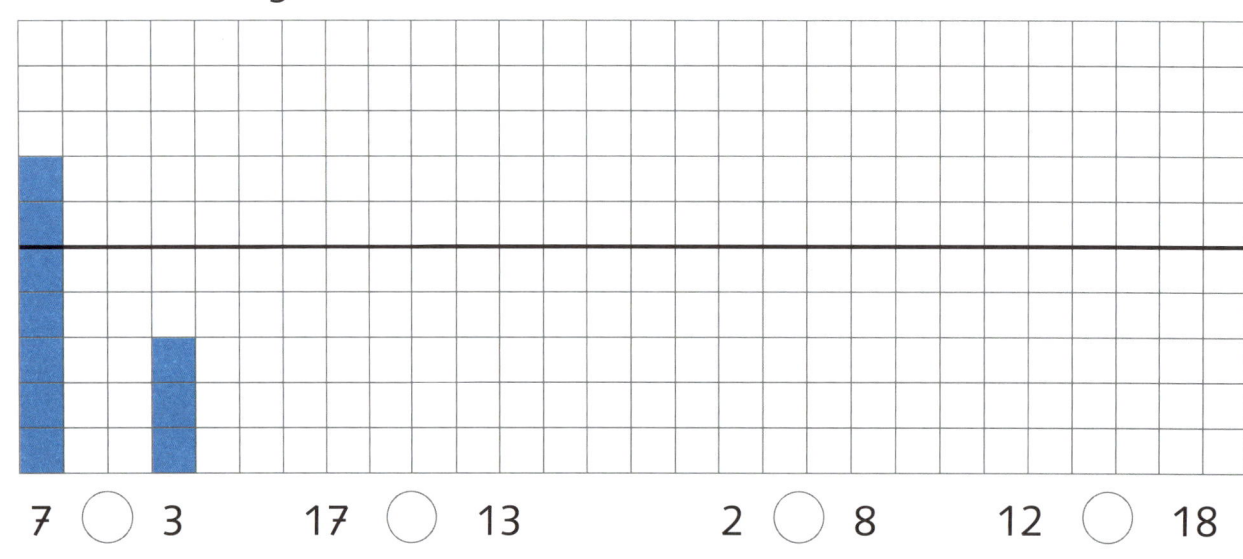

7 ◯ 3   17 ◯ 13   2 ◯ 8   12 ◯ 18

Mit Material arbeiten und Analogien zwischen Zehner- und Zwanzigerraum bewusst
machen; **Spiel** (Partnerübung): Ein Kind nennt ein Beispiel aus dem Zehnerraum (3 < 5),
das andere nennt das entsprechende Beispiel aus dem Zwanzigerraum (13 < 15)

Wiederholung

**① **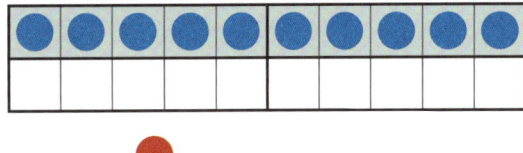

10 + ___ = _____

dreizehn

**② ** Male.

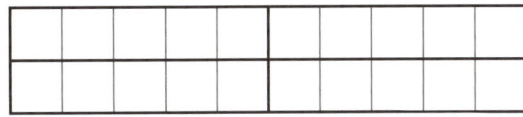

15 = _____ + ___

fünfzehn

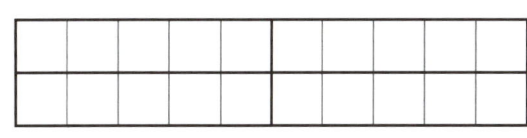

14 = _____ + ___

vierzehn

**③ **
10 + 1 = _11_   10 + 6 = ____   11 − 1 = _10_   15 − 5 = ____

10 + 2 = ____   10 + 7 = ____   12 − 2 = _10_   17 − 7 = ____

10 + 3 = ____   10 + 8 = ____   13 − 3 = ____   19 − 9 = ____

**④ ** Verbinde.

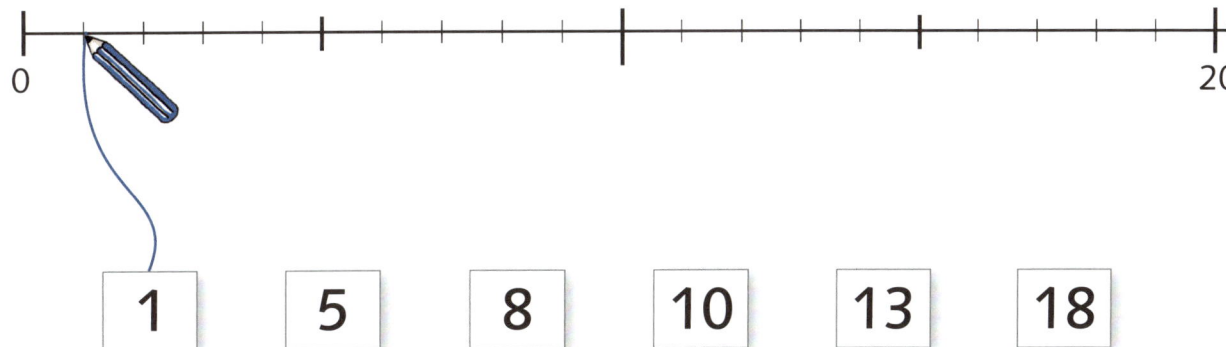

0   20

| 1 | 5 | 8 | 10 | 13 | 18 |

**⑤ ** Setze <, > oder = ein.

1 ◯ 7   4 ◯ 8   6 ◯ 6   9 ◯ 2   3 ◯ 3

11 ◯ 17   14 ◯ 18   16 ◯ 16   19 ◯ 12   13 ◯ 13

Diese Seite als Diagnoseinstrument einsetzen und selbstständig bearbeiten lassen, danach Lösungen erklären lassen.

39

Addieren im Zahlenraum bis 20

(1) Lege und rechne.

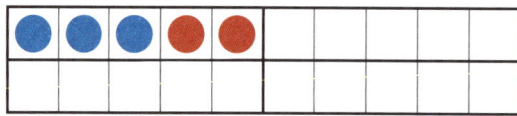 3 + 2 = ___

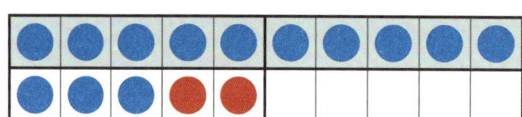 13 + 2 = ____

(2) Male und rechne.

 4 + 1 = ___

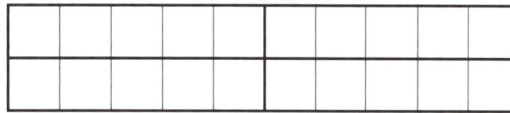 14 + 1 = ____

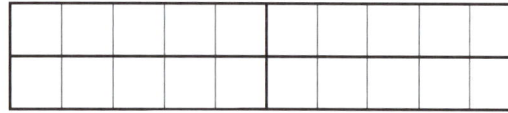 2 + 2 = ___

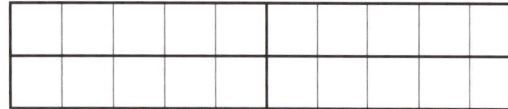 12 + 2 = ____

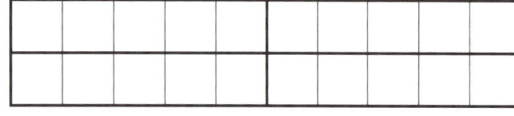 5 + 2 = ___

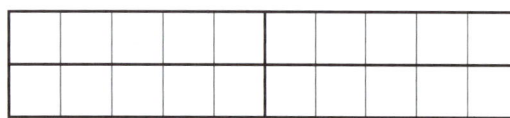 15 + 2 = ____

Mit Material nachlegen; Analogien (Zehnerraum, Zwanzigerraum) thematisieren: Was verändert sich, was bleibt gleich? **Spiel** (Partnerübung): Karten mit „kleinen" Aufgaben und „großen" Aufgaben anfertigen; spielerisch zuordnen

(3) Male und rechne.

| 2 + 3 = ___ | 15 + 1 = ___ | 4 + 2 = ___ |

| 1 + 2 = ___ | 12 + 3 = ___ | 14 + 2 = ___ |

| 5 + 1 = ___ | 11 + 2 = ___ |

(4) Ergänze die kleine Aufgabe.

_3_ + _2_ = ___   _2_ + ___ = ___   ___ + ___ = ___
13 + 2 = ___   12 + 4 = ___   14 + 5 = ___

(5) Ergänze die große Aufgabe.

3 + 3 = ___   6 + 1 = ___   7 + 2 = ___
_13_ + _3_ = ___   ___ + ___ = ___   ___ + ___ = ___

(6) 4 + 14 = ___   2 + 16 = ___

4 + 14?
Ich rechne die
Tauschaufgabe
14 + 4.

3 + 17 = ___   6 + 11 = ___

(7)

11 + 2 = 13

+	2	3
11	13	
14		

+	1	3
13		
15		

Eigene Aufgabenpaare auf Zettel schreiben bzw. Zettel mit „kleinen" und „großen"
Aufgaben einander zuordnen; bei Bedarf mit Material arbeiten

41

Subtrahieren im Zahlenraum bis 20

1 Lege und rechne.

 3 – 2 = ___

 13 – 2 = ____

2 Male und rechne.

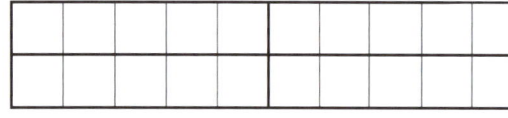 4 – 1 = ___

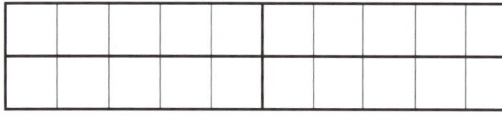 14 – 1 = ____

 5 – 2 = ___

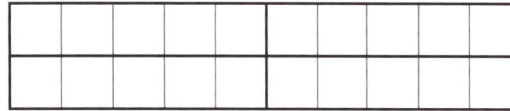 15 – 2 = ____

3 Male und rechne.

4 – 2 = ___   15 – 4 = ____   6 – 2 = ___

5 – 4 = ___   14 – 2 = ____   16 – 2 = ____

4 Ergänze die kleine Aufgabe.

6 – 3 = ___   2 – ___ = ___   ___ – ___ = ___

16 – 3 = ____   12 – 1 = ____   15 – 3 = ____

Mit Material nachlegen; Analogien (Zehnerraum, Zwanzigerraum) thematisieren: Was verändert sich, was bleibt gleich? Aufgabenpaare („kleine Aufgabe / große Aufgabe") selbst finden

Legen und rechnen mit Geld

1 Verbinde.

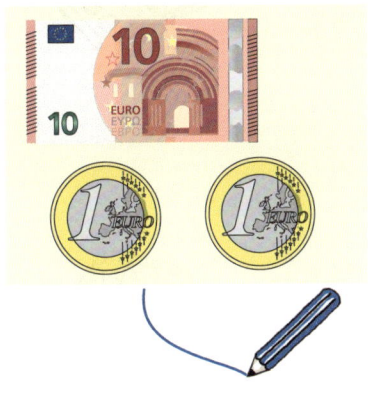  

| 15 € | 12 € | 16 € |

2 Verbinde.

13 € 16 € 20 €

  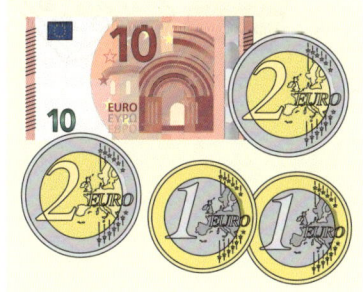

3 Lege und male.

| | | |

12 € 14 € 15 €

Mit Rechengeld nachlegen (Beilage Schülerbuch) **3** Unterschiedliche Möglichkeiten mit
Rechengeld ausprobieren, thematisieren, dann zeichnen

43

Sachrechnen mit Geld

 11 €  12 €  4 €  3 €

1 Wie viel kostet es? Lege und male.

_____ €   _____ €   _____ €

2 Wie viel kostet es zusammen? Lege und male.

_____ €   _____ €   _____ €

3 Lege und male.

Lisa kauft   Sie bezahlt

_____ €

Mit Rechengeld nachlegen (Beilage Schülerbuch) **3** Unterschiedliche Möglichkeiten mit Rechengeld ausprobieren, thematisieren, dann zeichnen

Wiederholung

①

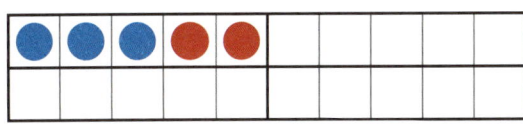

3 + 2 = ___

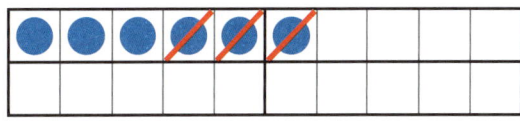

6 − 3 = ___

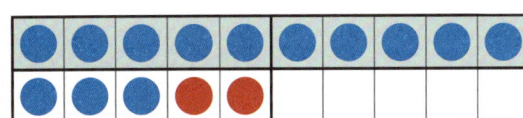

13 + 2 = _____

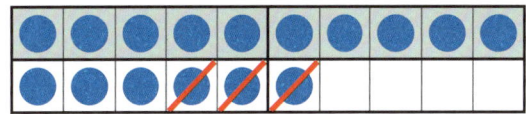

16 − 3 = _____

② Kleine Aufgabe – große Aufgabe. Male und rechne.

4 − 2 = ___

16 − 4 = _____

14 − 2 = _____

2 + 5 = ___

6 − 4 = ___

12 + 5 = _____

③

4 + 2 = ___

5 − 3 = ___

6 − 2 = ___

_14_ + _2_ = ___

_15_ − ___ = _____

___ − _2_ = _____

④

+	3	2
12		
15		

−	1	3
13		
14		

⑤ Lege und male.

12 €

14 €

13 €

Diese Seite als Diagnoseinstrument einsetzen und selbstständig bearbeiten lassen,
danach Lösungen erklären lassen.

45

Quadrat, Rechteck, Dreieck und Kreis

1 Verbinde.

2 Lege und zähle.

1 Aufgabe nachspielen und mit den Formen der Beilage aus dem Schülerbuch arbeiten
(z. B. sortieren, zählen, einordnen nach Form, Größe, Farbe)
2 Mit den Formen der Beilage die Figuren nachlegen, dann ordnen und zählen

Figuren legen

(1) Lege nach und trage ein.

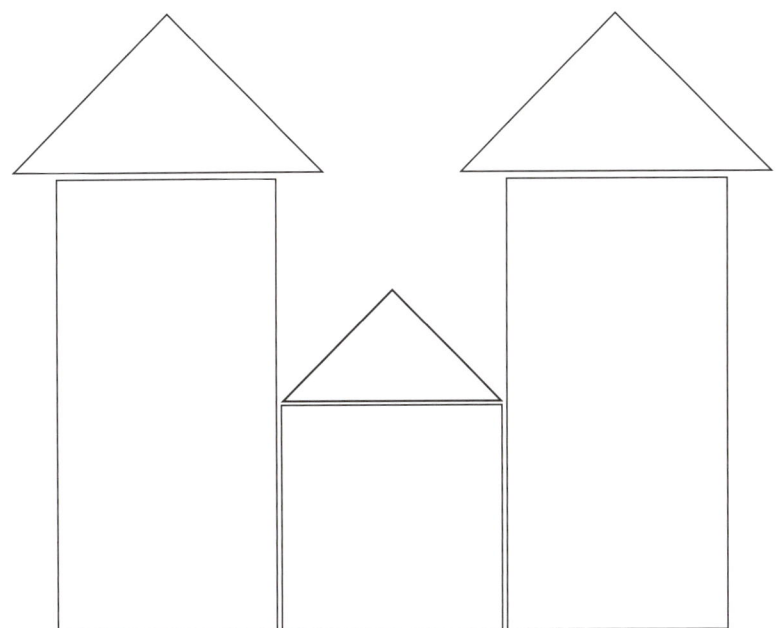

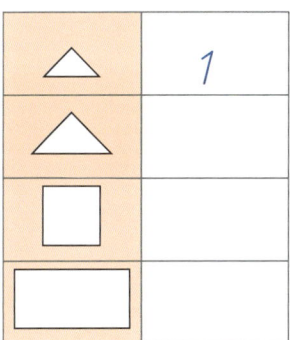

(2)

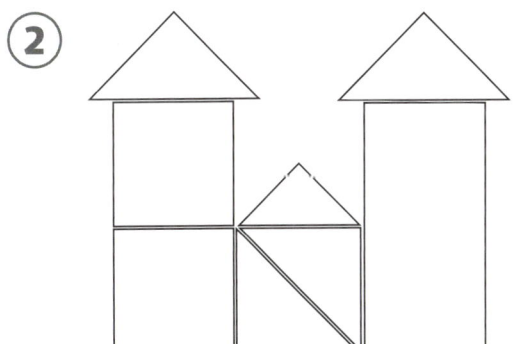

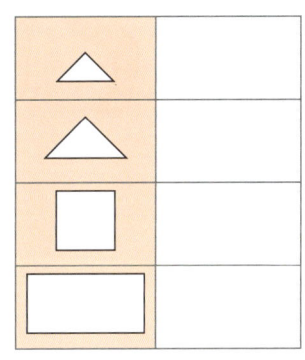

(3)

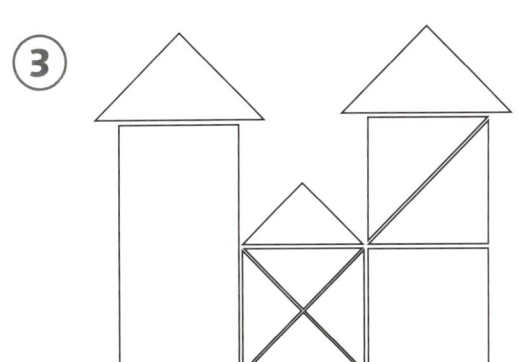

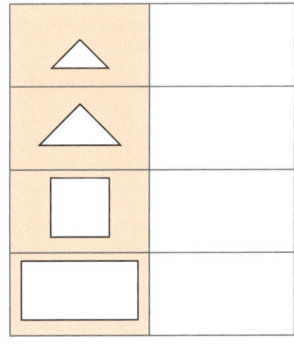

(4) Lege eigene Figuren und zähle die Formen.

Mit den Formen der Beilage aus dem Schülerbuch arbeiten; evtl. weitere Varianten legen
oder als Partnerübung spielen lassen

47

Muster und Formen

(1) Setze fort.

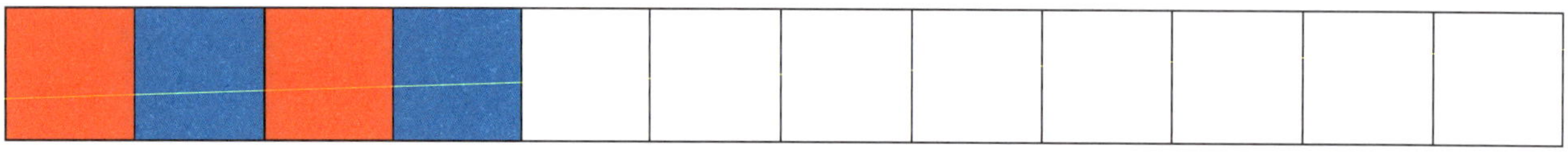

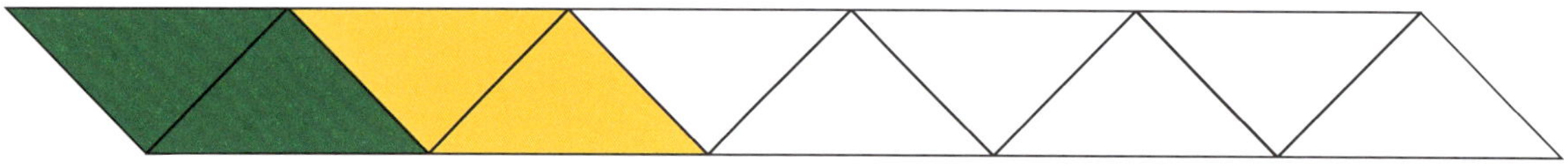

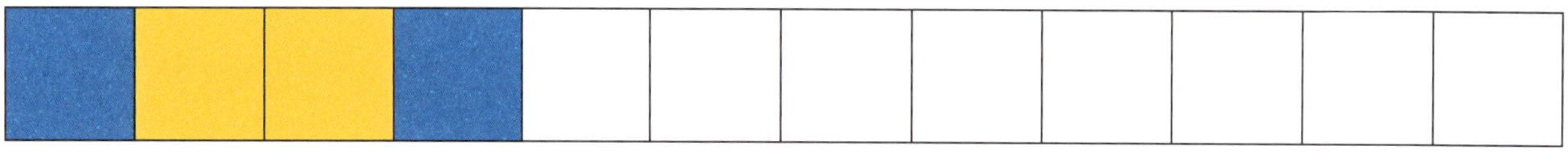

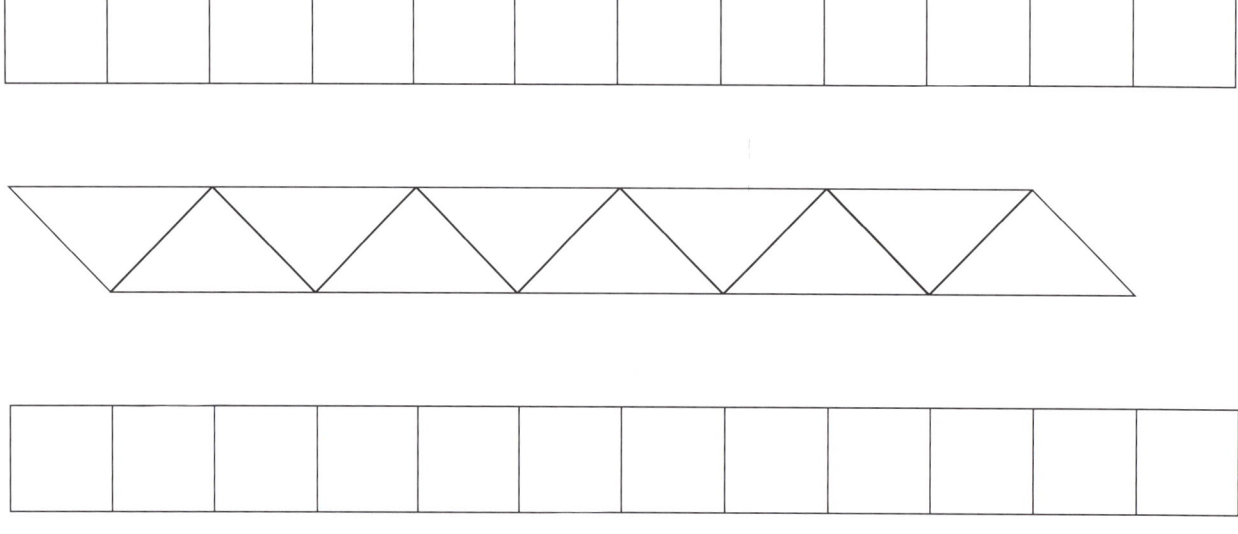

(2) Erfinde eigene Muster.

(3) Lege mit deinem Material eigene Muster.

1 Hinweis: Mehrere Lösungsvarianten sind möglich; begründen lassen
2 Muster beschreiben lassen: „Für mein Muster gilt die Regel …"

Vorbereitung des Zehnerübergangs

1 Trage die fehlenden Zahlen ein.

1			4	5
11			14	15

		9	10
18			20

2 Immer 10. Male und trage ein.

9 + _1_ = 10

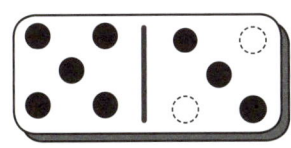

8 + __ = 10

6 + __ = 10

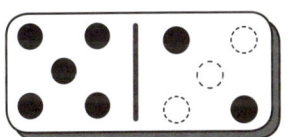

7 + __ = 10

5 + __ = 10

3 + __ = 10

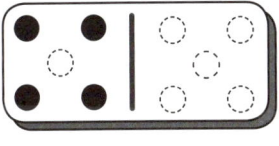

4 + _6_ = 10

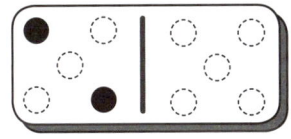

2 + __ = 10

1 + __ = 10

3
10 + 2 = ____	13 − 3 = ____	9 + __ = 10	10 − 1 = __
10 + 4 = ____	14 − 4 = ____	8 + __ = 10	10 − 2 = __
10 + 5 = ____	17 − 7 = ____	7 + __ = 10	10 − 3 = __

Spiele (Partnerübungen): Fingerübung in Partnerarbeit wie im Schülerbuch S.15;
ein Kind legt mit Plättchen eine Anzahl, das andere ergänzt bis 10

49

Addieren mit Zehnerübergang

①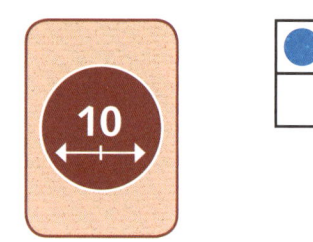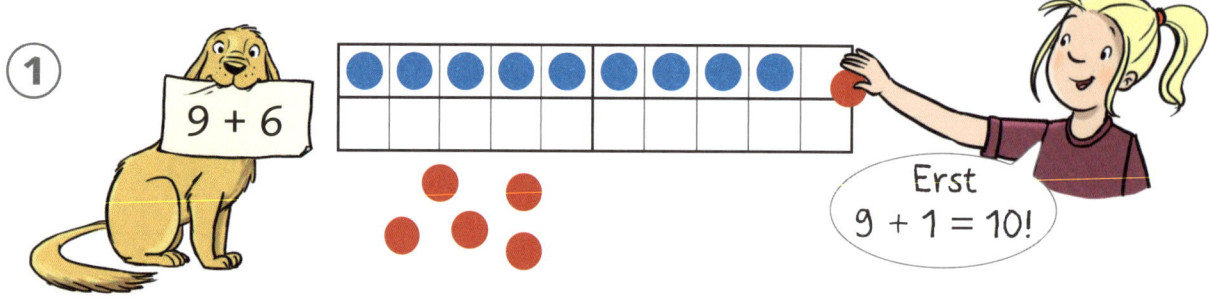

9 + 6

Erst
9 + 1 = 10!

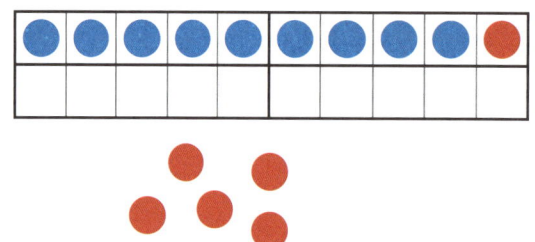

10

Dann
10 + 5!

9 + 6 = _____

② Lege und rechne.

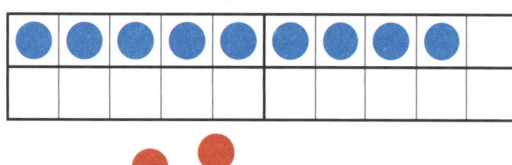

9 + 2 = _____

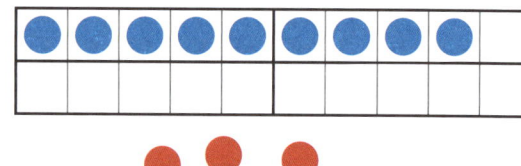

9 + 3 = _____

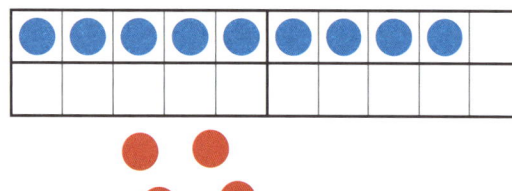

9 + 4 = _____

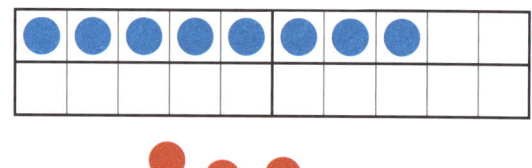

8 + 3 = _____

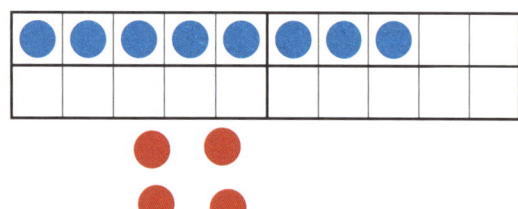

8 + 4 = _____

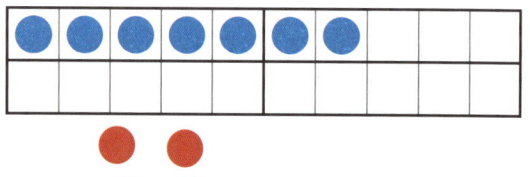

7 + 4 = _____

2 Aufgaben wie in 1 gezeigt legen und dazu sprechen; nicht ins Heft zeichnen, Rechenwege nicht notieren; über Vorteile des Verfahrens reflektieren: im zweiten Schritt „muss nicht mehr gerechnet werden, wir wissen das Ergebnis"

3

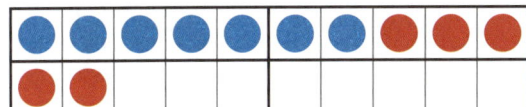

$$7 + 5 = \underline{\hspace{1.5em}}$$

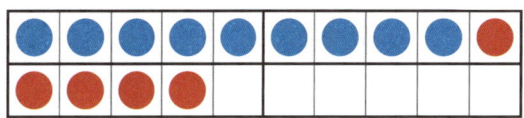

$$9 + \underline{\hspace{1em}} = \underline{\hspace{1.5em}}$$

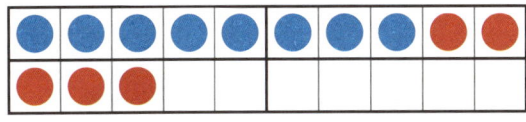

$$\underline{\hspace{1em}} + \underline{\hspace{1em}} = \underline{\hspace{1.5em}}$$

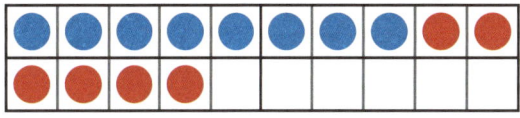

$$\underline{\hspace{1em}} + \underline{\hspace{1em}} = \underline{\hspace{1.5em}}$$

4 Male und rechne.

$$9 + 2 = \underline{\hspace{1.5em}}$$

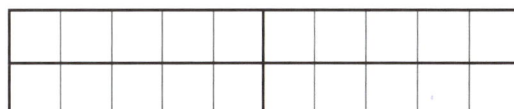

$$9 + 3 = \underline{\hspace{1.5em}}$$

$$8 + 3 = \underline{\hspace{1.5em}}$$

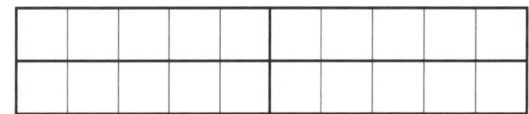

$$8 + 4 = \underline{\hspace{1.5em}}$$

5

$9 + 2 = \underline{\hspace{1.5em}}$	$8 + 3 = \underline{\hspace{1.5em}}$	$7 + 4 = \underline{\hspace{1.5em}}$	$6 + 5 = \underline{\hspace{1.5em}}$
$9 + 3 = \underline{\hspace{1.5em}}$	$8 + 4 = \underline{\hspace{1.5em}}$	$7 + 5 = \underline{\hspace{1.5em}}$	$6 + 6 = \underline{\hspace{1.5em}}$
$9 + 4 = \underline{\hspace{1.5em}}$	$8 + 5 = \underline{\hspace{1.5em}}$	$7 + 6 = \underline{\hspace{1.5em}}$	$6 + 7 = \underline{\hspace{1.5em}}$

6 Welche Bälle gehören in die Körbe? Male an.

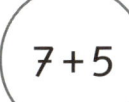

$10 + 5$ $7 + 5$ $9 + 3$ $9 + 6$ $10 + 2$ $8 + 4$ $8 + 7$

3 Legen und dazu sprechen 4 Zeichnen wie in 3 gezeigt oder legen, dazu sprechen und
Ergebnis zeichnen 5 und 6 Weiter legen oder zeichnen und dazu sprechen

51

Subtrahieren mit Zehnerübergang

1

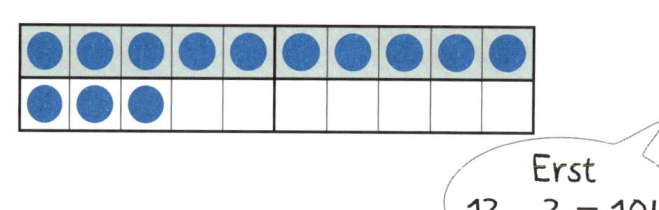

> Erst
> 13 − 3 = 10!

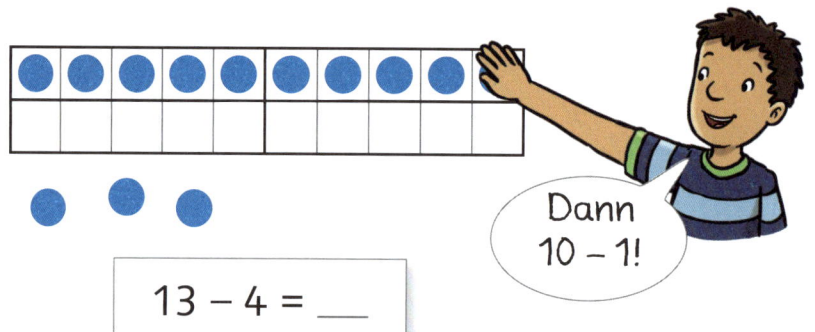

> Dann
> 10 − 1!

13 − 4 = ___

2 Lege und rechne.

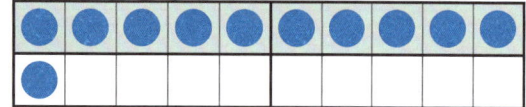

11 − 2 = ___

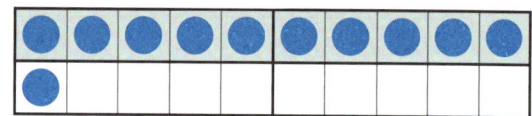

11 − 3 = ___

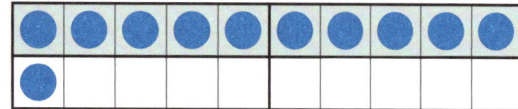

11 − 4 = ___

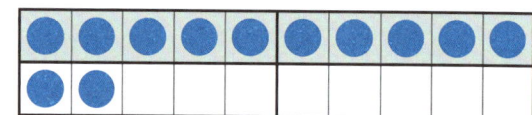

12 − 3 = ___

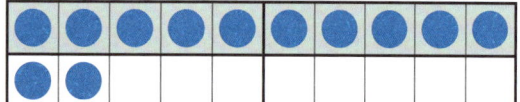

12 − 4 = ___

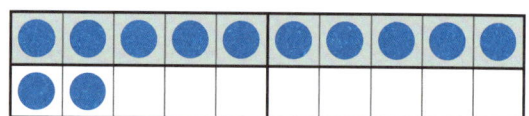

12 − 5 = ___

2 Aufgaben wie in **1** gezeigt legen und dazu sprechen; nicht ins Heft zeichnen, Rechenwege nicht notieren; über Vorteile des Verfahrens reflektieren: im ersten Schritt „muss nicht mehr gerechnet werden, wir wissen das Ergebnis"

(3)

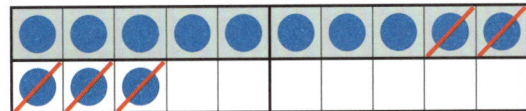

13 − 5 = ___

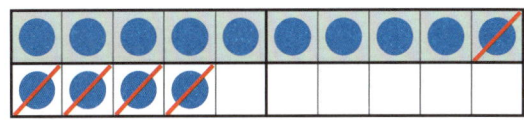

14 − ___ = ___

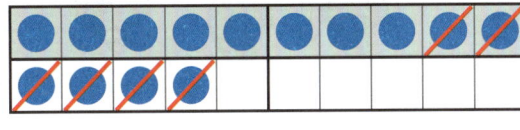

_____ − ___ = ___

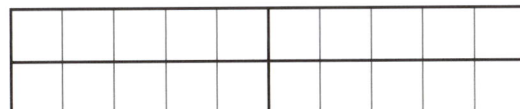

_____ − ___ = ___

(4) Male und rechne.

11 − 2 = ___

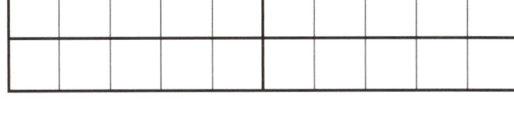

11 − 3 = ___

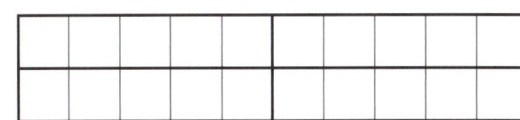

12 − 3 = ___

13 − 4 = ___

(5)

11 − 2 = ___	12 − 3 = ___	13 − 4 = ___	14 − 5 = ___
11 − 3 = ___	12 − 4 = ___	13 − 5 = ___	14 − 6 = ___
11 − 4 = ___	12 − 5 = ___	13 − 6 = ___	14 − 7 = ___

(6) Welche Bälle gehören in die Körbe? Male an.

(12−4) (11−3) (12−5) (11−4) (13−6) (13−5) (14−6)

3 Legen und dazu sprechen 4 Zeichnen wie in 3 gezeigt oder legen, dazu sprechen und
Ergebnis zeichnen 5 und 6 Weiter legen oder zeichnen und dazu sprechen

53

Gerade und ungerade Zahlen, Aufgabenfamilien

1 Gerade oder ungerade Zahl?

	5	6
Gerade Zahl	☐	☐
Ungerade Zahl	☐	☐

2 Verbinde.

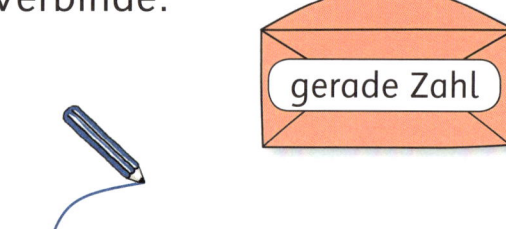

gerade Zahl   ungerade Zahl

    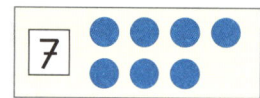

3 Ergänze die Aufgabenfamilien.

5   6   11

5 + 6 = 11
6 + __ = 11
11 – 6 = 5
11 – __ = 6

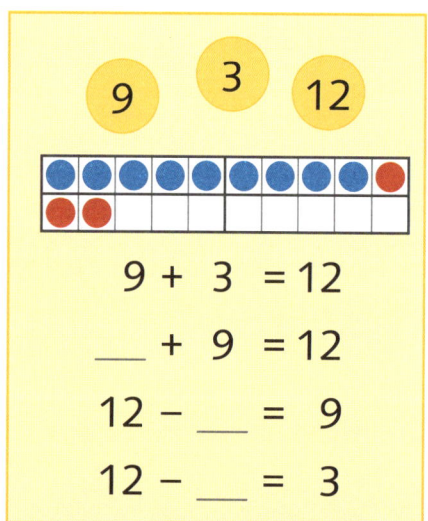

9   3   12

9 + 3 = 12
__ + 9 = 12
12 – __ = 9
12 – __ = 3

4 Lege und male selbst Aufgabenfamilien.

1 und 2 Mit Plättchen Aufgaben nachlegen
3 Aufgaben legen, abgebildete Ausgangssituation betrachten; darüber reflektieren, wie die
Aufgaben in der Ausgangssituation enthalten bzw. „zu sehen" sind

Übungen zur Addition und Subtraktion

(1)

8 + 4 = ____	9 + 3 = ____	11 − 2 = ___	11 − 3 = ___
8 + 5 = ____	9 + 4 = ____	12 − 3 = ___	12 − 4 = ___
8 + 6 = ____	9 + 5 = ____	13 − 4 = ___	13 − 5 = ___

(2)

+	2	3	4
9			
8			

−	2	3	4
11			
12			

(3) Rechne weiter.

7 + 1 = ___	13 − 1 = ____	2 + 2 = ___
7 + 2 = ___	13 − 2 = ____	3 + 3 = ___
7 + 3 = ___	13 − 3 = ____	4 + 4 = ___
7 + ___ = ___	13 − ___ = ___	___ + ___ = ____

(4)

Meine Zahl ist die Hälfte von 8.

Ina

Inas Zahl ist _____ .

1 bis 3 Bei Bedarf Aufgaben legen und dazu sprechen
3 Aufgabenreihen können auf einem Beiblatt noch fortgesetzt werden
4 Mit Material legen, bei Bedarf mit einem Spiegel arbeiten

55

Rechnen mit 3 und mehr Zahlen

(1) Immer 10. Male an.

(2) Immer 10. Ergänze.

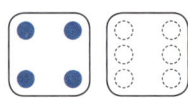   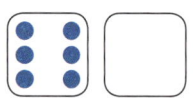   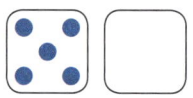   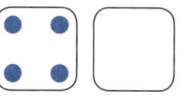

(3) Rechne geschickt. Male an.

$\underline{6} + \underline{4} + \underline{} = \underline{}$

$\underline{} + \underline{} + \underline{} = \underline{}$

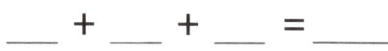

$\underline{} + \underline{} + \underline{} + \underline{} = \underline{}$

(4) Rechne geschickt. Male an.

9 + 1 = 10

$9 + 4 + 1 = \boxed{}$ $5 + 2 + 5 + 1 = \boxed{}$

$6 + 4 + 3 = \boxed{}$ $1 + 4 + 9 + 2 = \boxed{}$

(5)  Lege mit deinen Zahlenkarten immer 10 zusammen.

Weitere Übungen mit Würfeln: Mit drei bzw. vier Würfeln arbeiten, Gesamtaugenzahlen ermitteln, ggf. geschickt zusammenlegen/rechnen; wenn Ergebnis > 20 wird, dies nur feststellen, nicht errechnen

Zahlenmauern, Sachrechnen mit Geld

1

2 Lara hat

Sie kauft

4 €

Sie hat noch

_____

Sulola hat

Sie kauft

3 €

Sie hat noch

_____

Ali hat

Er kauft

7 €

Er hat noch

_____

3 Spielt Einkaufen.

1 Reflektieren, welche Zahlenmauern leicht, welche schwer zu bearbeiten waren,
und begründen lassen
2 Situation nachspielen und mit Rechengeld legen; Restgeld malen

57

Rechengeschichten

1

_____ Kinder sitzen an einem Tisch.

_____ Kinder sitzen am anderen Tisch.

Wie viele Kinder sind es zusammen? _____

Zusammen sind es _____ Kinder.

2

Im Teich sind _____ 🦆 , _____ 🦢 , _____ 🐸 .

Wie viele Tiere sind es zusammen? _____

Zusammen sind es _____ Tiere.

3 Erfinde eine Rechengeschichte.

_____

_____

_____

_____

_____

Erzählen lassen, was auf den Bildern zu sehen ist, bei Bedarf mit Plättchen arbeiten und Situationen nachstellen

Wiederholung

①

$$8 + 4 = \underline{}$$

$9 + 2 = \underline{}$ $7 + 4 = \underline{}$

$9 + 3 = \underline{}$ $7 + 5 = \underline{}$

$8 + 3 = \underline{}$ $6 + 5 = \underline{}$

$8 + 4 = \underline{}$ $6 + 6 = \underline{}$

②

$$13 - 4 = \underline{}$$

$11 - 2 = \underline{}$ $13 - 4 = \underline{}$

$11 - 3 = \underline{}$ $13 - 5 = \underline{}$

$12 - 3 = \underline{}$ $14 - 5 = \underline{}$

$12 - 4 = \underline{}$ $14 - 6 = \underline{}$

③ Rechne weiter.

$10 + 1 = \underline{}$ $19 - 9 = \underline{}$ $1 + 2 = \underline{\;3\;}$

$10 + 2 = \underline{}$ $18 - 8 = \underline{}$ $2 + 3 = \underline{}$

$10 + 3 = \underline{}$ $17 - 7 = \underline{}$ $3 + 4 = \underline{}$

$10 + \underline{} = \underline{}$ $16 - \underline{} = \underline{}$ $4 + \underline{} = \underline{}$

④

Meine Zahl ist das Doppelte von 4.

Ali

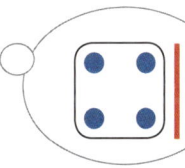

Alis Zahl ist _____ .

Diese Seite als Diagnoseinstrument einsetzen und selbstständig bearbeiten lassen, danach Lösungen erklären lassen.

59

Erfahrungen mit dem Spiegel

1 Nimm einen Spiegel. Was kannst du zaubern?

☐ ☐ ☐

2

☐ ☐ ☐

3

☐ ☐ ☐

Lageunterschiede bewusst machen, von den Kindern beschreiben lassen; mit Formen
(Beilage des Schülerbuchs) Figuren legen und mit dem Spiegel untersuchen

Bild und Spiegelbild

1 Finde das Spiegelbild.

  ☐  ☐  ☐

2   ☐  ☐ 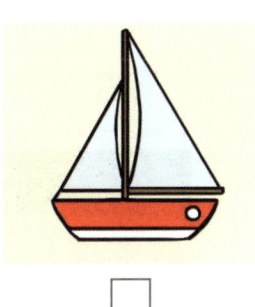 ☐

3   ☐  ☐  ☐

4   ☐  ☐  ☐

Lageunterschiede bewusst machen, von den Kindern beschreiben lassen; auf Details achten;
Vorstellung vom Umklappen des Bildes besprechen; zwischen identischem Bild und
Spiegelbild unterscheiden

61

Symmetrie

1 Symmetrisch?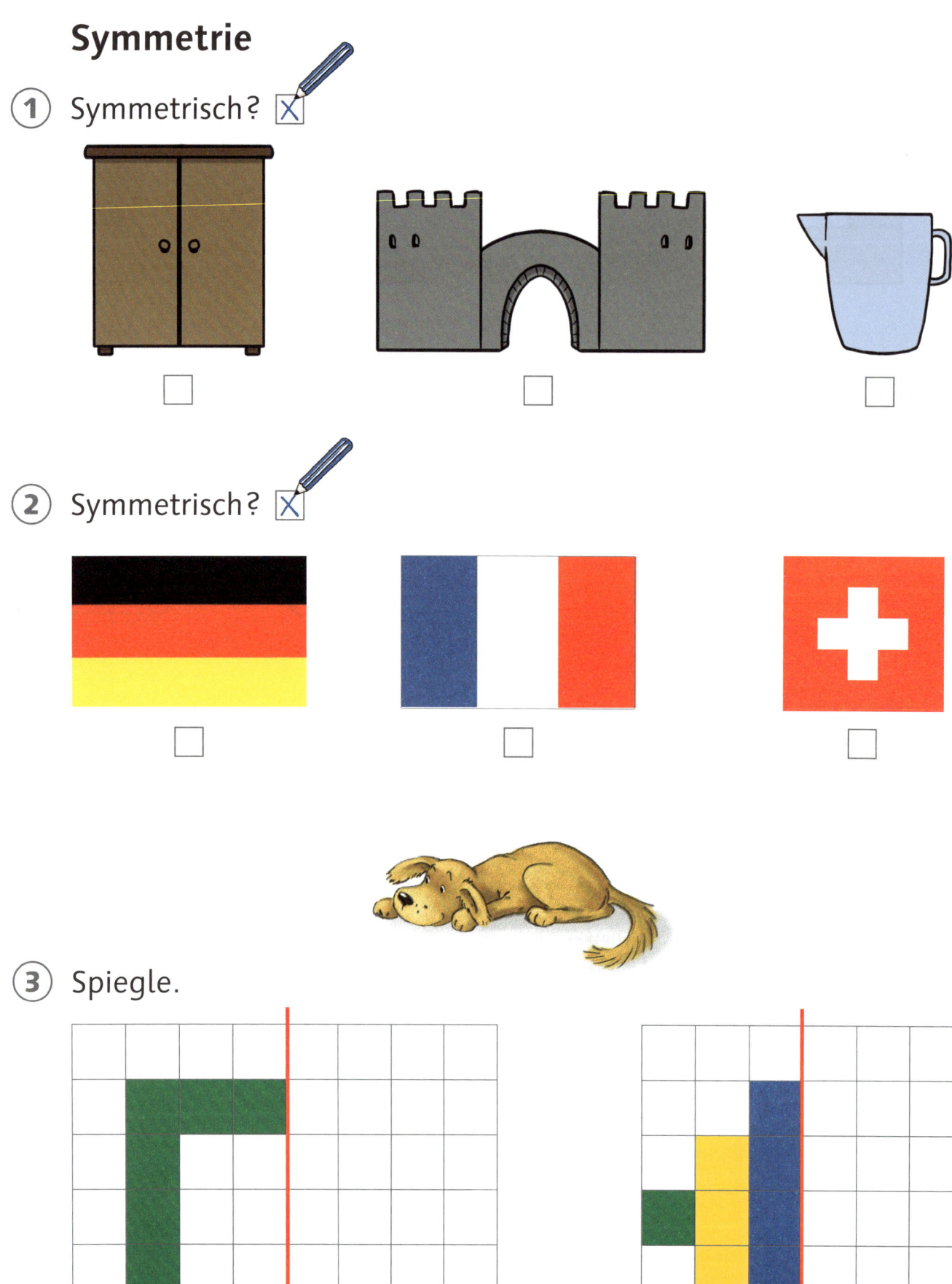

☐   ☐   ☐

2 Symmetrisch?

☐   ☐   ☐

3 Spiegle.

Symmetrie als Merkmal eines Gegenstandes oder Bildes; wie wäre es, wenn die Gegenstände nicht symmetrisch wären? Beispiele in der Umgebung suchen und besprechen
3 Bild und Spiegelbild bei Bedarf erst mit den Formen der Beilage nachlegen

Übungen zur Addition und Subtraktion (I)

①

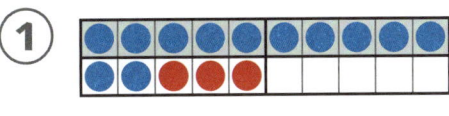  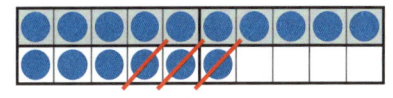

_12_ + _3_ = _____   _14_ – ___ = _____   _____ – ___ = _____

② Kleine Aufgabe – große Aufgabe.
Male und rechne.

| 8 + 2 = _____ | 6 + 4 = _____ | 9 + 1 = _____ | 7 + 3 = _____ |

| 17 + 3 = _____ | 19 + 1 = _____ | 16 + 4 = _____ | 18 + 2 = _____ |

③ Kleine Aufgabe – große Aufgabe.
Male und rechne.

| 4 – 3 = ___ | 7 – 2 = ___ | 8 – 4 = ___ | 6 – 3 = ___ |

| 16 – 3 = _____ | 18 – 4 = _____ | 17 – 2 = _____ | 14 – 3 = _____ |

④

10 + 3 = _____	10 + 2 = _____	14 – 4 = _____	15 – 5 = _____
11 + 3 = _____	11 + 3 = _____	14 – 3 = _____	16 – 5 = _____
12 + 3 = _____	12 + 4 = _____	14 – 2 = _____	17 – 5 = _____

Aufgaben legen, dazu sprechen, über Aufgaben reflektieren: „Welche weißt du schon?"

63

Übungen zur Addition und Subtraktion (II)

1

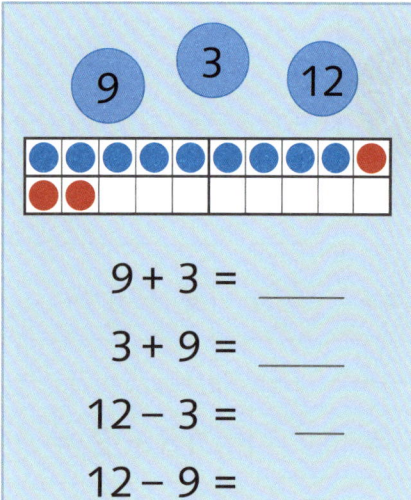

9 + ___ = ____ 8 + ___ = ____ 11 – ___ = __

2

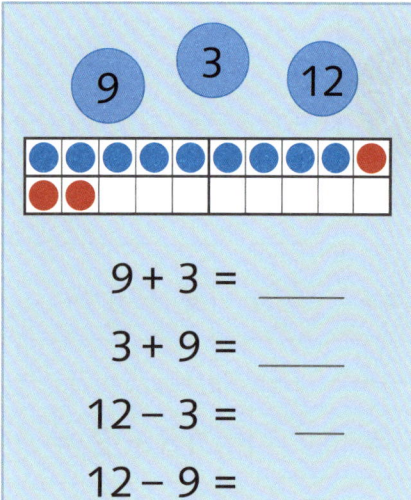

$9 + 3 =$ ____
$3 + 9 =$ ____
$12 - 3 =$ __
$12 - 9 =$ __

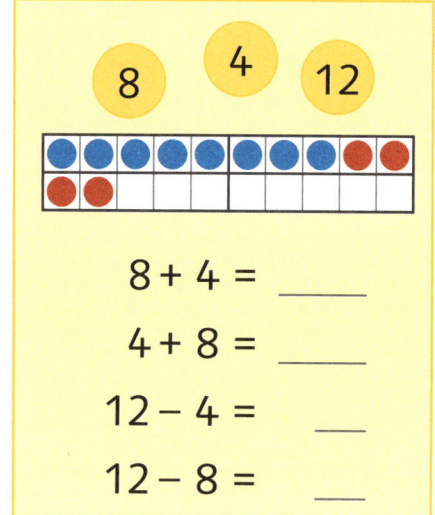

$8 + 4 =$ ____
$4 + 8 =$ ____
$12 - 4 =$ __
$12 - 8 =$ __

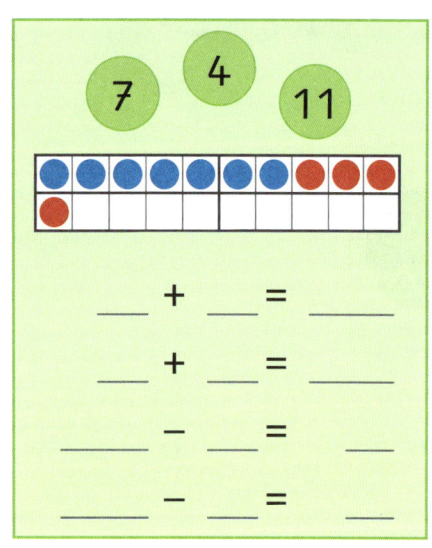

___ + ___ = ____
___ + ___ = ____
____ – ___ = ____
____ – ___ = ____

3

___ 9 + ___ = 10
9 + ___ = 11
9 + ___ = 12

8 + ___ = 11
8 + ___ = 12
8 + ___ = 13

13 – ___ = 10
13 – ___ = 9
13 – ___ = 8

Aufgaben legen, dazu sprechen: „Bis zur Zehn und dann weiter"
2 Durch Abdecken von Punkten die Minusaufgaben zeigen

4 Rechne und male.

  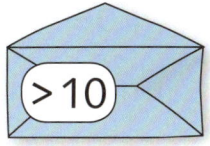

6 + 2	9 + 5	4 + 0	5 + 5	8 + 4	7 + 3
15 − 2	12 − 3	16 − 6	11 − 6	14 − 4	16 − 5

5

Vorsicht, 4 Fehler!

5 + 5 = 10

5 + 4 = 10 ~~10~~ _9_
6 + 4 = 10 ____
5 + 6 = 10 ____
6 + 6 = 10 ____

10 + 5 = 15

9 + 6 = 15 ____
8 + 7 = 15 ____
10 + 5 = 15 ____
11 + 5 = 15 ____

6 Rechne geschickt. Male an.

_5_ + _5_ + _3_ = _13_

__ + __ + __ = ____

_____

_____

_____

_____

4 Bei Bedarf Aufgaben mit Plättchen lösen
5 Fehler erkennen; Aufgabe richtig lösen und Vorgehen erklären
6 Bei Bedarf mit Würfeln arbeiten

65

Sachrechnen und Kombinatorik

① In der Kiste sind ___ ⚽.

Im Tor sind ___ ⚽.

Wie viele Bälle sind es zusammen?

_____

Zusammen sind es _____ Bälle.

②

12 Kinder waren spielen.
Wie viele Kinder
gehen ins Haus? ___

Wie viele spielen noch?

_____

Es spielen noch ___ Kinder
im Garten.

③ Immer 2 Kugeln Eis.
Male an.

Zwei Kugeln von der gleichen Sorte: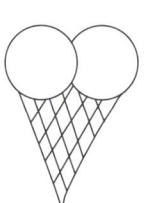

Zwei verschiedene Sorten: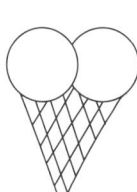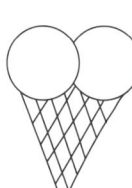

Bilder beschreiben, an Erfahrungen der Kinder anbinden: „Wo werden Bälle aufbewahrt?",
„Welche Eissorten magst du?"; bei Bedarf Situationen nachspielen, z.B. mit farbigen
Papierfiguren

Wiederholung

① Kleine Aufgabe – große Aufgabe. Male und rechne.

| 5 + 4 = ___ | 10 – 2 = ___ | 16 – 4 = ____ | 15 + 3 = ____ |

| 6 – 4 = ___ | 5 + 3 = ___ | 15 + 4 = ____ | 20 – 2 = ____ |

②

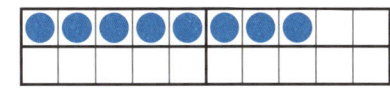

8 + ___ = 10

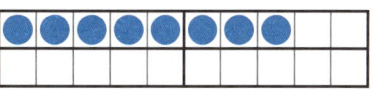

8 + ___ = 11

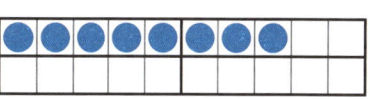

8 + ___ = 12

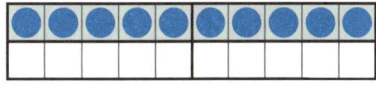

10 – ___ = 7

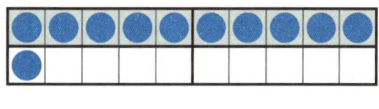

11 – ___ = 7

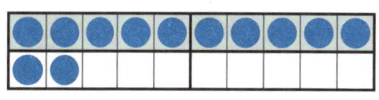

12 – ___ = 7

③

Vorsicht, 4 Fehler!

9 + 5 = 14 ____

9 + 6 = ~~14~~ _15_ ____

8 + 5 = 14 ____

8 + 6 = 14 ____

13 – 4 = 9 ____

12 – 3 = 9 ____

11 – 2 = 7 ____

10 – 1 = 8 ____

④ Lara hat 9 Stifte.

Lisa gibt ihr 3 Stifte dazu.

Lara hat dann ____ Stifte.

⑤ Toni hat schon 7 Sticker.

12 gehören auf eine Seite.

Es fehlen noch ____ Sticker.

Diese Seite als Diagnoseinstrument einsetzen und selbstständig bearbeiten lassen, danach Lösungen erklären lassen.

67

Tagesablauf und Uhrzeiten

1 Ordne der Reihe nach.

[ ]

1.

[ ]

[ ]

2 Verbinde.

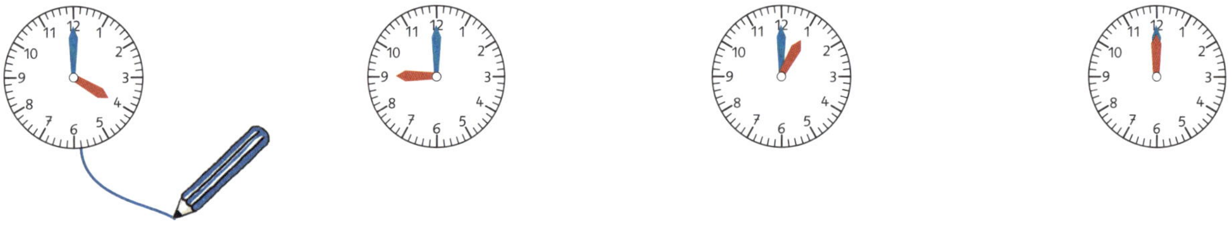

| 9 Uhr | 4 Uhr | 12 Uhr | 1 Uhr |

3 Male fertig.

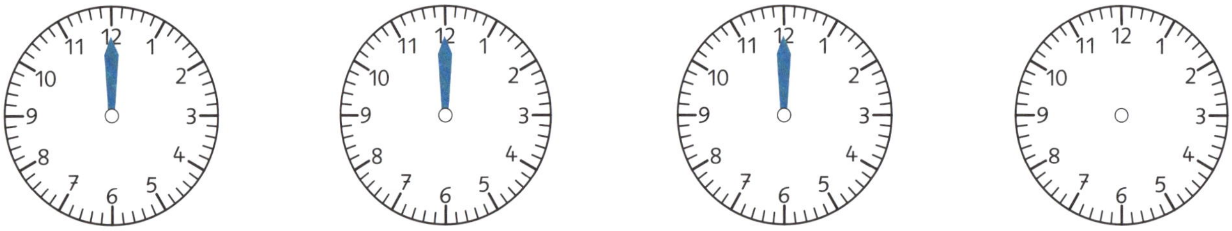

| 6 Uhr | 3 Uhr | 11 Uhr | 5 Uhr |

4 Erzähle und zeige an der Uhr. Wann stehst du auf?
Wann spielst du? Wann gehst du schlafen?

Volle Stunden an einer Übungsuhr einstellen; darüber sprechen, was zu dieser Zeit gemacht
wird; verbale Einordnung unter Verwendung von „Vormittag", „Nachmittag", „am Morgen",
„am Abend" usw. (noch keine Verwendung der Uhrzeiten 13 bis 24 Uhr)

Wochentage

1 Ordne.

2 An welchem Tag ist es?

Stadtfest: _____   Besuch von Lisa: _____

Sport: _____   Zahnarzt: _____

Montag	Dienstag	Mittwoch	Donnerstag	Freitag	Samstag	Sonntag
	Zahnarzt	Sport		Besuch Lisa		Stadtfest

3 Ergänze die Wochentage.

Heute ist _____.

Gestern war _____.

Morgen ist _____.

Dein Geburtstag in diesem Jahr: _____.

Der 6. Dezember in diesem Jahr: _____.

4 Schaut im Kalender nach wichtigen Feiertagen in diesem Jahr.

Daten erheben und darstellen

(1) Klasse 1a hat eine Umfrage gemacht.
Wann haben die Kinder Geburtstag?

Frühling	⊪⊦⊦	5
Sommer	⊪⊦⊦	__
Herbst	⊪⊦	__
Winter	⊪⊦⊦ ⊪⊦	__

(2) Zeichne das Schaubild.

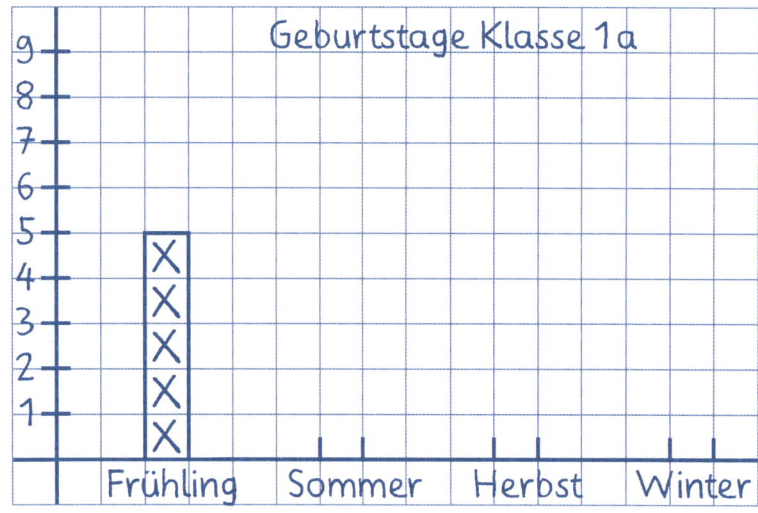

Geburtstage Klasse 1a

(3) Klasse 1b hat auch gefragt. Ergänze die Tabelle.

Geburtstage Klasse 1b

Frühling	_____	__
Sommer	_____	__
Herbst	_____	__
Winter	_____	__

Situation besprechen; alle Darstellungen anschauen und erklären lassen;
eigene Befragung vornehmen

Rechnen mit Zehnerzahlen

1 Wie viele sind es?

 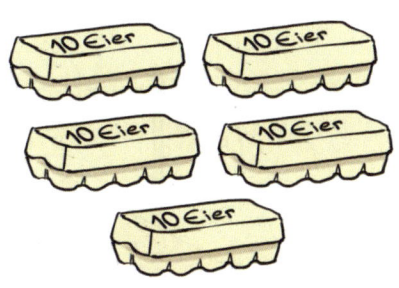 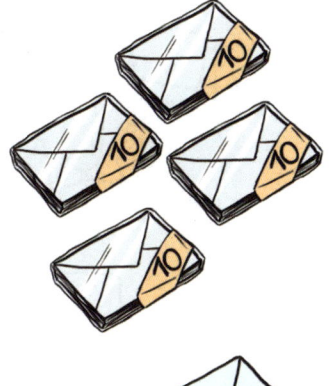

_____  _____ _____

2 Wie viele Punkte?

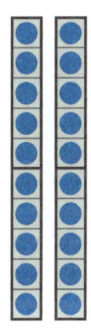 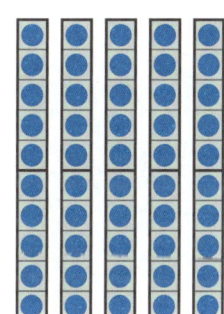 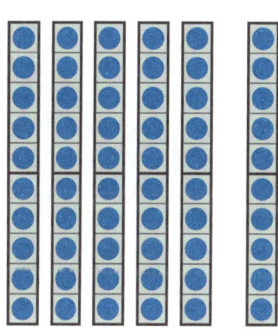

_____ _____ _____

3

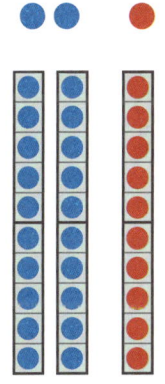 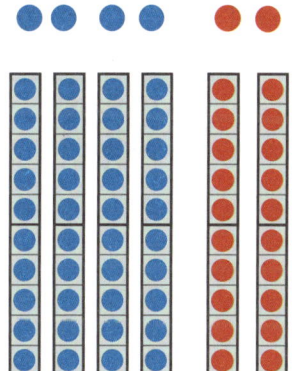 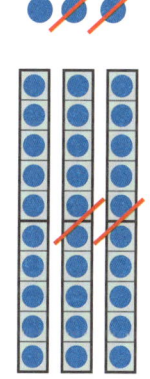

2 + 1 = ___   4 + 2 = ___   3 − 2 = ___

20 + 10 = _____   40 + 20 = _____   30 − 20 = _____

1 Zehnerpackungen in der Umwelt suchen **2 und 3** Mit Material Aufgaben nachlegen,
Analogien zum Zehnerraum thematisieren; **Spiel** (Partnerübung): Kartenpaare mit „kleinen"
und „großen" Aufgaben herstellen und sie einander zuordnen

71

Reise in die Klasse 2

①

10   40   100   10

$8 + 4 =$ ___ $12 - 3 =$ ___
$9 + 4 =$ ___ $13 - 5 =$ ___

$12 + 2 =$ ___ $14 - 3 =$ ___
$15 + 2 =$ ___ $16 - 2 =$ ___

$2 + 2 =$ ___ $8 - 4 =$ ___
$5 + 5 =$ ___ $12 - 6 =$ ___

Station: 2. Klasse

Station: 1. Klasse

②

| 10 | 15 | 20 |

$7 + 3$ $10 + 5$ $18 + 2$ $15 + 5$ $20 - 5$ $18 - 8$

$11 + 9$ $8 + 2$ $13 + 2$ $11 + 4$ $16 - 6$ $10 + 10$

Diese Seite als Diagnoseinstrument einsetzen und selbstständig bearbeiten lassen, danach die Lösungen erklären lassen; Anlass nutzen, um darüber zu reflektieren, was alles geschafft wurde bzw. wo es noch Unsicherheiten gibt